Como ser *leve* em um mundo PESADO

Como ser
leve
em um mundo
PESADO

FERNANDO ROCHA

Como ser *leve* em um mundo PESADO

ROCCO

Copyright © 2020 by Fernando Rocha

Design e ilustração de capa: © Tita Nigrí

Créditos das citações que aparecem nesta obra:

- Página 10 – Extraída de "Divino Maravilhoso", Caetano Veloso e Gilberto Gil
- Página 21 – Extraída de "A Melhor Forma", Titãs
- Página 22 – Extraída de "Seja Você", Herbert Vianna
- Página 24 – Extraída de "Não Vou Me Adaptar", Titãs
- Página 24 – Extraída de *O encontro marcado*, Fernando Sabino *(Ed. Record)*
- Página 32 – ("There is a crack in everything that's how the light gets in") extraída de "Anthem", Leonard Cohen
- Página 42 – Extraída de *José*, Carlos Drummond de Andrade, Companhia das Letras, São Paulo – Carlos Drummond de Andrade © Graña Drummond – www.carlosdrummond.com.br
- Página 71 – Extraída de "The Road Not Taken", Robert Frost
- Páginas 76/77 – Extraída de "Nordeste independente", Bráulio Tavares e Ivanildo Vila Nova
- Página 81 – Extraída de "Luiza", Tom Jobim
- Página 103 – Professor Hermógenes
- Página 123 – Extraída de *O encontro marcado*, Fernando Sabino (Ed. Record)

Direitos para a língua portuguesa reservados
com exclusividade para o Brasil à
EDITORA ROCCO LTDA.
Rua Evaristo da Veiga, 65 – 11º andar
Passeio Corporate – Torre 1
20031-040 – Rio de Janeiro – RJ
Tel.: (21) 3525-2000 – Fax: (21) 3525-2001
rocco@rocco.com.br
www.rocco.com.br

Printed in Brazil/Impresso no Brasil

Preparação de originais
MARCELA DE OLIVEIRA RAMOS

CIP-Brasil. Catalogação na publicação.
Sindicato Nacional dos Editores de Livros, RJ.

R573c

Rocha, Fernando, 1966-
   Como ser leve em um mundo pesado: seu propósito é um plano B? / Fernando Rocha. – 1. ed. – Rio de Janeiro: Rocco, 2020.

   ISBN 978-65-5532-019-0
   ISBN 978-65-5595-018-2 (e-book)

   1. Motivação. 2. Autorrealização. 3. Conduta. I. Título.

20-65586

CDD: 158.1
CDU: 159.947

Leandra Felix da Cruz Candido – Bibliotecária CRB-7/6135

O texto deste livro obedece às normas do
Acordo Ortográfico da Língua Portuguesa.

Pra Júlia,
Doçura desse tempo de entendimento,
de barco no mar pra seguir em frente.
Pela ideia, pela companhia.
Pela vida ao seu lado.

Sumário

Introdução
O MUNDO QUE MUDOU (E 2020 QUE NÃO COMEÇOU)   9

Capítulo Um
COMO SER LEVE EM UM MUNDO PESADO   17

Capítulo Dois
OS APRENDIZADOS   25

Capítulo Três
PROPÓSITO: MODO DE USAR   35

Capítulo Quatro
PERCEBA OS SINAIS – SUBVERSIVA DO BEM: TIA DAG   39

Capítulo Cinco
TENHA INICIATIVA – O PROPÓSITO DE OUVIR:
CHRISTIAN DUNKER   59

Capítulo Seis
RIR DE VOCÊ MESMO – A DOUTORA E O CORDEL:
PAOLA TÔRRES   73

Capítulo Sete
Seja resiliente – Todo acolhimento é bem-vindo:
Sheila Nunes   89

Capítulo Oito
Conheça suas emoções – O olhar pra dentro:
Monja Coen   105

Agradecimentos   127

Introdução

O mundo que mudou (e 2020 que não começou)

Em março de 2019, eu era um ponto de interrogação cercado de reticências por todos os lados. Fui retirado a fórceps de um ambiente que conhecia desde sempre. Era parte integrante de um mundo corporativo clássico. Tinha todas as alegrias de uma sexta-feira, as expectativas do feriado e o plano fantástico das férias. Sofria um incômodo quase físico na volta à rotina de toda segunda-feira e não demorava nem cinco segundos para responder que sim, eu era muito feliz.

Foi esse mundo que colapsou, foram esses dias organizados e previsíveis que se desmancharam no "mapa do meu nada". Se uma pessoa perde o braço, ela continua sendo quem é. O mesmo nome, o mesmo CPF e certamente os mesmos amigos. Ninguém deixa de existir por perder um pedaço de si. Mas quando se perde um emprego de quase uma vida inteira, a sensação é de perder algo muito próximo do que somos na essência. Afeta a autoestima. Transforma. Parece que não somos mais a pessoa de antes. A vida muda de um jeito tão rápido que não dá tempo de analisar.

A segunda-feira deixa de ter aquelas agonias de sempre, mas nem por isso se torna um dia mais palatável. Ao contrário, fica mais sombrio.

A semana não tem mais a intensidade dos sete dias e, consequentemente, os trinta dias do mês também não. As contas chegam, os compromissos financeiros continuam existindo, mas o salário de sempre na data de sempre é que não existe mais. Tem uma vida inteira que não existe mais e uma outra vida inteira pra ser inventada. Não existe um manual, mas existem algumas regras implacáveis:

"É preciso estar atento e forte..."

É preciso ter calma e respirar...
É preciso lutar contra o sentimento de se enxergar sozinho no mundo.

O processo é doloroso em várias etapas, mas para alguém que já é ansioso por natureza, como eu sou, a cobrança de se manter calmo causa uma dolorosa aflição. Mesmo assim o ano de 2019 foi seguindo seu fluxo, e eu fui entendendo na prática a diferença entre trabalho e emprego. Eu tinha perdido só o emprego, não a capacidade de trabalhar. E, então, um dia de cada vez, foi passando.

Mantive a disciplina e o chinelo de dedo, continuei acordando cedo e fazendo listas possíveis a cada jornada na frente do computador. Me adaptei à rotina de ser chefe de mim mesmo e do meu dia. Novos projetos foram surgindo dentro dessa nova realidade. Consegui fazer palestras em lugares distantes e durante a semana. Coisa que na última década teria sido impossível.

Apresentar um programa ao vivo todos os dias exige uma rotina muito rígida de horários. Apesar da diversidade dos temas, a vida real era monocromática e previsível. Foi uma guinada radical viajar em uma terça-feira de manhã para Picos, no Piauí, e ter o privilégio de conhecer uma cidade chamada Elesbão Veloso. Também fui pra Porto Velho, capital de Rondônia, São Luiz do Maranhão, Brasília e Ouro Branco, no interior de Minas.

O tema da palestra que levei para tantos cantos do Brasil era também título do meu primeiro livro: *Na medida do possível (ou quase) — um não manual sobre a vida saudável*. É um assunto que carrego comigo pra vida graças à superação de três grandes desafios. O primeiro deles foi participar da Dança dos Famosos no *Domingão do Faustão*; sobrevivi a cinco etapas da competição, dançando cinco ritmos diferentes mesmo confundindo o lado direito com o esquerdo e o pra frente com o pra trás.

Corajosamente encarei treinos diários nos famosos estúdios do Projac, no Rio de Janeiro. O detalhe é que moro em São Paulo e tinha que voltar todo dia pra casa.

O segundo desafio foi aprender a correr. Participei seis vezes da São Silvestre e ainda de uma aventura de tirar o fôlego em uma etapa da Ultra Maratona de Mont Blanc, na fronteira da Suíça com a França. Corri uma prova de quarenta e dois quilômetros em doze horas de trekking, subindo e descendo pelos alpes.

Outra façanha que faz parte do livro é um regime-reportagem. O projeto "Afina Rocha", uma dieta ao vivo e a cores que me fez eliminar quase vinte quilos em dois meses foi o terceiro desafio. Tenho orgulho dessa história e uma alegria imensa de falar sobre isso. É parte do meu caminho e também do que me tornei.

Mas enquanto fazia todas aquelas viagens tão inéditas pra mim, tanto pela disponibilidade quanto pelas possibilidades que eu via pela frente, eu imaginava que de alguma forma era preciso virar a página desse período. Eu já era outra pessoa, eu já falava de outros assuntos, meus olhos brilhavam com outros faróis.

Claro que o próximo assunto pra virar livro e palestra seria necessariamente essa nova estrada que eu trilhava: a adaptação aos horários em casa; uma rotina com muito home office, mas nem por isso menos empenho.

Criei um novo jeito de me comunicar pelas redes sociais, com o público que me acompanhava no programa e que passou a compartilhar meus novos simples desafios: aprender a tomar café puro (sem adoçante), arrumar a cozinha, fazer *lives* com nossa querida diarista Zezinha dos corações, a meditadora do sertão, a filosofia do Embu. Nesse novo ritmo, fui entendendo a vida.

Em 2019, Júlia, minha esposa, também perdeu o emprego de jornalista, que tinha havia catorze anos. Foi um tempo de mais convivência e também de projetos compartilhados. Tempo para entender a mudança. Para enxergar a metade do copo cheio. Um período único para encontrar o que de fato era o *propósito* de vida. E também para questionar até que ponto precisamos mesmo de um plano B, guardado como se guarda dinheiro para eventuais emergências. Aqueles eram tempos de reposicionamento; de perguntar, de tentar entender.

Decidimos viver sem carro, mas com bicicletas (nosso principal meio de transporte). Passamos a comer mais em casa, a fazer nossa própria comida, a entender que era possível viver de um jeito confortável e com menos recursos.

E 2019 não foi um ano fácil. Mas tinha muita esperança plantada naqueles trezentos e sessenta e cinco dias; o melhor ainda estava por vir, com números redondos e espelhados. 2020. Um ano duas vezes nota dez!

Havia muitos motivos para ser otimista em 2020, sem falsas expectativas. Tive dezenas de reuniões com temas diferentes e otimismo idêntico: verbas aprovadas, clientes ansiosos, propostas, patrocínios, permutas e uma nova palestra no forno. Tudo certo. Era uma questão de tempo. Mesmo porque o ano só começa mesmo depois do Carnaval... é aí que tudo engrena, não é mesmo? Depois do Carnaval. Tudo decola.

Em 2020, a folia começou no final de fevereiro e se arrastou até o começo do mês seguinte. Um vírus ameaçava a saúde pública e a economia na China, e em seguida, da mesma forma, assombrava a Itália. A primeira morte pelo novo coronavírus foi confirmada no Brasil. O ano de 2020 fecha as portas. Tudo suspenso, tudo pairando no ar com a doença.

Home office, ressignificação do tempo, percepção do essencial, mudança de horários, paciência, colaboração. Vi a minha realidade se estender para o mundo.

Uma rotina que parecia cena de filme que a gente não entende. Planos, projetos, festas, batizados, casamentos, viagens, contratos, gravações, jantares, palestras, seminários, entrevistas… Nada.

Um beijo, um abraço e um aperto de mão, tudo isso deixou de existir. Tudo desmarcado, adiado. Tudo pra depois. De alguma forma, eu já tinha vivido isso em 2019. Eu já tinha caído desse caminhão de mudança. E um ano depois, milhões de outros brasileiros estavam caindo também.

Em 2020, foi a hora de fazer a roda girar de outra forma. Mas também de aprimorar muitas coisas que eu já fazia antes: as *lives*, por exemplo. Consegui me conectar com diversos brasileiros no mundo todo que esperavam voos humanitários para retornar. Em pouco mais de um mês conversei com pessoas em vinte países; brasileiros em Cusco, no Peru, detidos em um *hostel* com outros turistas estrangeiros, um grupo de empresários gaúchos isolado no Nepal, estudantes paulistas na Rússia, na Índia.

Desse tempo todo tenho a lembrança nítida de alguns espantos. Começando pelo primeiro marco dessa quarentena:

Puxa vida, dez dias em casa!

Outro susto foi a constatação de que não existia nem luz, nem fim, nem túnel; estávamos todos subindo no escuro uma montanha que parecia não terminar nunca. Depois disso, eu me espantei de novo quando ouvi alguém trocar o nome de quarentena por "noventena". E, mesmo assim, o termo estava desatualizado porque já tínhamos passado dos cem dias de confinamento.

Cento e tantos dias.

Não deu pra arrumar os livros na estante como eu imaginava que faria logo nas primeiras semanas. Também não consegui ler os livros que gostaria de ter lido, não fiz nenhum curso on-line, não aprendi um novo idioma, nem o guarda-roupa deu pra organizar. Mas... consegui cozinhar um feijão pela primeira vez, fazer bolo de banana e probiótico de vegetais com fermentação natural, também pela primeira vez, mudei móveis de lugar, fui a churrascos virtuais, aniversários, festas. Tudo pela tela do computador.

E foi também nesse período que terminei de contar a história que fez parte da minha vida por tanto tempo. Um olhar pelo retrovisor depois que a poeira baixou. Quando existe distanciamento suficiente para enxergar tudo o que existe no entorno. E aí, sim. Contar a história.

Capítulo Um

Como ser leve em um mundo pesado

— Todo mundo sabe desde que o mundo é mundo que a vida é feita de encontros e despedidas. Despedidas são mais tristes e emocionantes, né? E eu fiquei sabendo de uma despedida tão emocionante, tão sofrida. Sabe qual foi essa despedida? Da clara e do ovo. É. A despedida da clara e do ovo.

Mas...

Ela só não é tão triste porque a clara chega para o ovo e fala assim: não fica triste, não, a gente se vê dentro do bolo! A gente vai mesmo se encontrar dentro do bolo! Agora imagine você: o encontro da clara com o ovo dentro do bolo. Infelizmente o homem ainda não foi capaz de inventar uma câmera que mostre esse encontro da clara e do ovo dentro do bolo! Dr. Kalil... O senhor já imaginou esse encontro? A gente hoje tem imagens impressionantes que vão mostrar que podem salvar vidas... Dr. Kalil tá com essa cara de... de encontro de clara com o ovo dentro de um bolo...

— Não gostei muito.

— Oi?
— Não foi muito legal esse começo. Não deu muito certo.

Esse diálogo foi transmitido ao vivo em rede nacional e para mais de 150 países. Durou menos de dois minutos e, mesmo assim, foi suficiente para dividir minha vida profissional em duas partes:

Antes e depois desse encontro da "clara com o ovo".

Eu sou jornalista desde o século passado. Também sou ator de teatro, apresentador, radialista, escritor, palestrante, artista plástico, pai do Pedro e do Rafa, marido da Juju. Sou mais alegre do que triste, sou mineiro e também sou cruzeirense. Essa é uma lista de adjetivos que me enchem orgulho. É a minha essência. É mais do que uma mão cheia de razões para ter confiança e autoestima.

Mas uma palavra com oito letras e um ponto de exclamação foi mais forte do que tudo isso:

D-E-M-I-S-S-Ã-O!

Três décadas usando o mesmo crachá. Quase dez anos apresentando diariamente um programa de saúde e qualidade de vida. Meu e-mail pessoal era o mesmo que o profissional. Meu nome também era uma referência ao meu local de trabalho, e era normal pra mim que fosse assim.

O Fernando da Globo.

O Fernando do *Bem-Estar*, ou simplesmente, o cara do *Bem-Estar*.

* * *

Esse era eu.

E depois de uma conversa que durou menos de dez minutos, eu não era mais esse Fernando. Senti o chão sumir debaixo dos pés. O que fazer? Para onde ir? Por onde começar? Nesse mar de interrogações e pensamentos imperfeitos, surge uma claridade: é hora de usar o plano B.

Claro. O plano B.

É como se um avião estivesse caindo. O que se pode fazer? Acionar o paraquedas, claro! Mas eu não tinha paraquedas e, mesmo se encontrasse um no avião, não saberia usar.

Definitivamente eu não tinha um plano B.

O momento já seria difícil por si só, mas ainda existia outro ingrediente para engrossar esse caldo: o episódio da clara e do ovo tinha se transformado em *meme*. Uma palavra de origem grega, representando algo que se multiplica como vírus, que faz parte do fenômeno do que viraliza na internet. Digitando meu nome, Fernando Rocha, + encontro da clara com o ovo, em qualquer site de busca, é possível ver tudo isso. São centenas de referências, paródias, reportagens e, principalmente, muitas opiniões sobre o que eu deveria fazer ou não fazer.

Eu tive que me habituar a conviver com o julgamento dos outros. Foi difícil imaginar o copo meio cheio. Eu só via o vazio, não enxergava o caminho, eu não enxergava liberdade, não via possibilidades, não achava possível resgatar todas aquelas qualidades que enumerei alguns parágrafos atrás. Eu não sabia por onde começar a me reconstruir e nem de longe imaginava que esse "não saber" era um excelente ponto de partida. É muito difícil enxergar com clareza quando tudo que se vê é névoa e dúvida. Mas a maravilha desse processo é perceber aos poucos que o tempo naturalmente vai melhorar e que algumas perguntas são mais importantes que as respostas. Uma delas é essa: Se você não precisasse nunca mais se preocupar com dinheiro, status ou reputação, qual seria o seu trabalho?

É uma pergunta retórica. Faz pensar no quanto estamos perto ou longe de nossos grandes sonhos, e naturalmente remete a algo parecido com um plano B, algo que um dia ainda vamos acessar, vivenciar... ou não.

Demorei um ano inteiro pra responder essa pergunta para mim mesmo e começar a reconstrução do novo Fernando Rocha. Entendi que era preciso uma ponte entre tudo que eu sou e tenho comigo e tudo que eu posso fazer neste mundo. Essa ponte atende pelo nome de *propósito*. E eu entendi que o meu propósito é ser leve em um mundo pesado. A partir desse entendimento, minhas qualidades ficam mais latentes: alegria, bom humor, energia, pensamento positivo, perseverança. Tudo que faz parte da minha essência me ajuda a deixar o mundo menos chato, mais leve.

Isso começou a fazer sentido. Eu tive uma história bonita à frente do único programa da TV aberta que todos os dias ajudava a melhorar a vida das pessoas.

Milhões de telespectadores transformaram hábitos simples do cotidiano em uma rotina mais saudável. Isso já fazia parte do meu propósito, mas eu não tinha claridade para enxergar. Esse processo também me transformou.

Ao longo de todos esses anos, guardo comigo algumas histórias que são meus eternos troféus. Uma vez eu estava em uma fila de embarque no aeroporto de Miami e uma família inteira me cercou muito feliz. Eles eram de Belém do Pará. O filho mais novo apontou pra mim e disse: "Olha o namorado da vovó!" Antes que eu me assustasse, eles explicaram. A avó de 96 anos estava com Alzheimer em estágio avançado e achava realmente que namorava comigo, ou melhor, com o apresentador do *Bem-Estar*. Simples assim. Ela só tomava os medicamentos e se alimentava quando falava comigo pelo telefone. Ou achava que falava. Era o genro que ligava e dizia: "Querida, aqui é Fernando Rocha. Tudo bem, meu amor? Tome seu remédio. Já almoçou? Tem consulta essa semana, não esquece, hein? Tem que se alimentar direitinho. Viu o que eu falei hoje no programa? Foi pra você. Fica com Deus, meu anjo."

Eu fiquei emocionado com a história. Fiz questão de que anotassem meu número e disse que poderiam me ligar a qualquer hora. Eu falaria de verdade com minha namorada de Belém do Pará. Pediria que ela se cuidasse, que tomasse os remédios. Infelizmente, o prefixo 091, de Belém, nunca apareceu na tela do meu celular.

Foi com histórias tão preciosas assim que entendi. O que eu tinha perdido era só um emprego. A minha essência continuava comigo. E se meu tempo no programa tinha chegado ao fim, no mês seguinte o programa em si também deixou de existir naquele formato. Foi um ciclo que se completou.

"As ideias estão no chão. Você tropeça e acha a solução."

TITÃS

Fui percebendo que as pessoas que gostavam de mim na televisão continuavam comigo na internet, nas redes sociais e na vida. Elas estavam acompanhando minha rotina e meu dia a dia. Tudo isso é muito valioso.

"O que falta cega para o que já se tem."

HERBERT VIANNA

    Novas oportunidades surgiram justamente quando entendi que podia me comunicar com esse público de muitas outras maneiras. Principalmente pela internet. No UOL, comecei um novo programa sobre mobilidade urbana. Um desafio frequente para quem vive em uma megalópole como São Paulo, com nove milhões de automóveis. Havia um ano que eu tinha vendido meu carro e comprado quatro bicicletas. Descobrir novos caminhos não é uma opção. É uma necessidade. E lá fui eu contar histórias de pessoas que descobriram na prática que a menor distância entre dois pontos não é exatamente uma reta. Gente que usa como principal meio de transporte metrô, trem, ônibus, patinete, monociclo, bicicleta elétrica e até as próprias pernas.

    De outro grande portal de notícias, veio mais um convite/desafio. Produção de conteúdo sobre saúde e qualidade de vida no Yahoo Brasil. Que abordagem diferente eu poderia dar a um assunto sobre o qual já tinha falado por tanto tempo? A solução veio de casa. Durante um cafezinho, minha esposa, Juju, perguntou: "Por que não fazer um programa aqui na cozinha, tomando esse café e comendo pão de queijo com os médicos? A conversa pode ficar mais leve."

Se antes era um estúdio que parecia uma casa de mentirinha, agora vai ser uma casa de verdade que parece um estúdio de mentirinha. Fantástica ideia. Na primeira temporada, quarenta médicos de diferentes especialidades aceitaram meu convite pro café com pão de queijo mineiro na mesa da cozinha de casa; o nome do programa repetia uma frase muito comum nos consultórios: "É normal?"

Ninguém imaginava, no entanto, que o padrão de normalidade seria tão discutido durante a pandemia da Covid-19. Na quarentena, o programa continuou sendo feito em casa, mas com um leque maior de convidados de outras áreas além da saúde. Todos respondiam, também de suas casas, à pergunta do título:

É normal?

O quê? Quando?

Procurando entender essa nova normalidade da minha vida profissional, apurei os ouvidos e mergulhei no universo dos podcasts. Um mar de ideias. Um universo de possibilidades. Calculei que minha entrada nesse mundo também deveria ter elementos com os quais eu estava mais familiarizado. Mais uma vez lá estava eu, conversando com médicos e profissionais de saúde sobre qualidade de vida "na medida do possível".

Já que a vida não vem com manual de instruções, a gente precisa descobrir a nossa própria medida. Não do vizinho, nem da novela, nem da capa da revista. É a medida de cada um. Esse raciocínio me deu musculatura crítica para avançar em um outro tema: a masculinidade saudável.

Um debate educado sobre o machismo nosso de cada dia. Em um piscar de olhos, comecei a produzir outro podcast com entrevistados das mais preciosas fontes. É sempre com muito orgulho que eu digo que tenho um podcast chamado *Macho Detox*!

Olhando hoje pelo retrovisor do tempo, eu vejo como foi grande minha transformação.

"Eu não caibo mais nas roupas que eu cabia..."
TITÃS

Ainda bem. Mudar é um processo natural e inevitável. Nessa mudança, dor e medo são partes integrantes do processo e não podem ser vendidos separadamente. Embora seja uma experiência muito pessoal, existem pontos em comum nesse aprendizado que podem ser úteis pra todo mundo. O clique é de cada um, mas a virada de chave é a mesma. Por isso eu decidi escrever esse livro.

Ele também é tema de uma nova palestra que tenho feito para plateias completamente heterogêneas. Idades variadas, profissões diversas e dúvidas bem parecidas com o propósito de vida e a necessidade ou não de um plano B.

Eu não tenho as respostas, mas tenho boas perguntas e cinco aprendizados valiosos, que vou apresentar agora e destrinchar melhor depois, a partir de entrevistas com quem pode nos ensinar alguma coisa em relação a cada um deles.

"Fazer da queda um passo de dança, do medo uma escada, do sono uma ponte, da procura um encontro."
FERNANDO SABINO

Capítulo Dois

Os aprendizados

Aprendizado 1:
Perceba os sinais

Toda crise manda sinais. A diferença está em quem os percebe ou não. O anúncio é feito por meio de informações que normalmente são desprezadas. Como eu tinha uma imagem da realidade que já é pré-concebida, não considerei os fatos, não enxerguei os sinais. É a famosa história do sapo na panela de água quente. Se o sapo for jogado na panela fervendo, ele pula na hora, a reação é imediata. Mas... se a água estiver em temperatura agradável, ele se acomoda. Não pensa em movimentar os músculos para sair. A temperatura vai esquentando, e ele não entende que isso pode ser um problema. Só quando fica insuportável, decide pela saída emergencial. Mas já é tarde demais. Os músculos não respondem. Ele não consegue saltar e finalmente morre.

Eu fui esse sapo na panela.

Quando aconteceu a tragédia da barragem de Brumadinho em Minas Gerais, com duzentas e cinquenta e nove pessoas mortas, eu e a Mari Ferrão nos revezamos durante quinze dias ancorando o programa direto do epicentro do acidente. Cada um passou uma semana por lá.

Também fazíamos reportagens com as famílias das vítimas e acompanhávamos as buscas do Corpo de Bombeiros. Era uma rotina completamente adversa da nossa realidade. É importante lembrar que o nome do programa era *Bem-estar*. Tudo que é tão óbvio hoje era nublado antes.

Cheguei a passar cinco horas na lama com uma equipe de resgate de Governador Valadares procurando "segmentos", nome técnico para braços, pernas, troncos e cabeças; pedaços de corpo humano perdidos no barro molhado de minério de ferro.

Alguém estava totalmente no lugar errado, e não era a equipe do Corpo de Bombeiros. Era eu, claro. Era muito lógico que a linha editorial do programa tinha dado uma guinada. Não falávamos mais de saúde. Mas eu não enxergava o óbvio. Era o sapo na panela quentinha, que confundi com zona de conforto.

Aprendizado 2:
Tenha iniciativa

Não existe propósito sem iniciativa. Descobri isso na prática de um jeito muito simples. Quando fazia as gravações do meu programa de mobilidade no UOL, conheci um cobrador de ônibus chamado Toninho.

Ele trabalha em uma linha que sai da zona leste de São Paulo e vai até a praça da República na região central. Um percurso longo e com muito trânsito. Quem pega ônibus com frequência sabe que a profissão de cobrador, além de monótona, está ficando obsoleta. Nas grandes cidades, com o uso do bilhete único, poucas pessoas utilizam de fato as atribuições do cobrador/trocador, que acaba se tornando mais uma espécie de fiscal dos passageiros que passam pela roleta com o cartão.

Não o Toninho.

Além do sorriso e da cordialidade na roleta, ele descobriu uma forma de ajudar os passageiros que costumavam pegar o mesmo ônibus com frequência. Ele criou um grupo de WhatsApp para avisar sobre o horário de saída do ponto final e também sobre congestionamentos no caminho.

O grupo "ônibus do Toninho" cresceu tanto que os passageiros se tornaram amigos. Eles dividiam muito mais do que a viagem: faziam rodízio de café com bolo, comemoravam aniversários e, uma vez por mês, organizavam um churrasco.

Quando Toninho estava prestes a se aposentar, todos ficaram muito tristes. Claro que fariam uma festa de despedida. Perguntei pro Toninho o que ele ia fazer da vida. Descansar?

Não. Estudar. Queria saber mais sobre a vida e decidiu cursar teologia.

Eu tenho certeza de que, em qualquer profissão que seguisse, Toninho seria essa mesma pessoa.

Não perguntei se ele tinha um plano B.

Mas entendi claramente que ele tinha um propósito. Com o Toninho, eu comecei a entender que o propósito é o plano de todas as letras do alfabeto.

De A a Z.

O oposto da iniciativa é o vitimismo. A palavra é forte e quase feia. Mas o lugar de vítima é um cobertor quentinho.

É muito confortável sentir pena de si mesmo.

Já reparou? Temos tendência a nos defendermos. É um instinto.

Somos vítimas das circunstâncias, vítimas da ira divina e, claro, podemos ser vítimas da tirania de um chefe.

E ficamos nesse lugar esperando um herói nos resgatar.

Fantasiando soluções mágicas e sem esforço. Já que as coisas são assim, nada podemos fazer. Encontramos um pretexto maravilhoso pra viver em crise; como vítima, merecemos ajuda e misericórdia.

E podemos ficar assim nessa condição uma semana, um mês, um semestre, um ano, uma década, uma vida inteira.

Quando fui demitido, eu tinha um prato cheio de motivos para sentir pena de mim mesmo. Três décadas de trabalho na empresa foram finalizadas em uma reunião de apenas três minutos. Trinta anos em três minutos. Mesmo assim eu escolhi não sentir pena de mim.

Aprendizado 3:
Rir de você mesmo

Nunca me esqueci de uma entrevista que fiz com Dr. Alexandre Kalache sobre longevidade. Ele me explicou que um dos ingredientes mais importantes da vida longa é o bom humor.

E que o mau humor, infelizmente, não tem cura.

Uma criança que passa a maior parte do tempo de cara amarrada vai se transformar em um adolescente de cara fechada que, por sua vez, vira um jovem carrancudo, um adulto emburrado e finalmente um velhinho rabugento.

A boa notícia é que mau humor tem tratamento.

O mais eficiente deles é aprender a rir de si mesmo. É um exercício diário. Eu faço isso desde que me entendo por gente.

Morro de rir dos meus tropeços, escorregadas e mancadas. Acho graça das piadas que eu conto pra mim mesmo. E de algumas outras idiotices que fazem parte da minha essência.

É um mantra; se as pessoas vão rir de mim, então que eu seja o primeiro.

Essa risada interna é nossa melhor gargalhada. Tem uma ilustração muito antiga do Woody Allen em que ele próprio é abordado na rua por um fã.

— Senhor Woody Allen, obrigado por me fazer rir tanto.
— Você assiste a meus filmes?
— Não. Minha janela fica em frente a sua.

Aprendizado 4:
Seja resiliente

Resiliência é água. Nada explica mais essa palavra. Nada define melhor o conceito da reinvenção. Insípida, inodora e incolor, ela representa 70% da superfície do nosso planeta e também 70% do nosso corpo.

Como se não bastasse, a água vira gelo quando esfriada, vira fumaça quando evapora, nuvem quando chega no céu.

Água também é neblina, riacho, cachoeira, mar e lagoa.

E, no entanto, essa imensidão toda cabe dentro de um copo.

Um simples copo d'água.

Na vida prática, resiliência é a capacidade de adaptação e recuperação.

É também a capacidade de olhar um problema de um ângulo diferente.

Quando a Nespresso começou as operações no Brasil, apostou na venda das máquinas de café espresso residenciais, robustas e similares às que se encontravam em escritórios. A ideia de fazer em casa o mesmo café que se tomava no trabalho não agradou.

As vendas foram um gigantesco fracasso.

A operação brasileira foi salva por uma modesta sugestão de um gerente de vendas: "E se a gente oferecer primeiro as cápsulas e depois as máquinas?". Foi uma situação em que a ordem dos fatores alterou (e muito) o produto.

O café da Nespresso passou a oferecer uma experiência de sabores que envolvia tato, aroma, visão e paladar. As máquinas ficaram mais portáteis, quase do tamanho de uma caixa de sapato, e fazem sucesso tanto em casa quanto no escritório.

O nome moderno desse processo é pivotar. É girar pra mudar e se reinventar. Para encontrar soluções que são mais simples do que se imagina.

Eu também gosto muito de outro exemplo que aconteceu na fábrica da Fiat em Betim, Minas Gerais: os engenheiros italianos queriam equacionar o gasto da energia elétrica. Fizeram milhões de cálculos, ameaçaram muitas mudanças, contrataram diversos estudos científicos.

Mas nenhuma iniciativa deu resultado. O gasto com energia elétrica continuava muito alto.

Até que um funcionário de chão de fábrica pediu a palavra em uma reunião coletiva: "E se a gente limpasse os vidros? Tem vinte anos que eu trabalho aqui e nunca vi os vidros da linha de montagem limpos. Como estão sujos, fica escuro durante o dia e por isso as luzes ficam acesas muito tempo."

Com os vidros limpos, é possível obter mais claridade e menos luz acesa.

Uma ideia simples ajudou a resolver uma questão complicada. Simples assim.

Aprendizado 5:
Conheça suas emoções

Eu descobri meu propósito quando conheci melhor minhas fraquezas, meus erros e medos.

Não é uma tarefa simples olhar pra nossa sombra. O mundo a nossa volta valoriza muito a felicidade. As redes sociais amplificam essa tendência.

Ninguém posta foto com dor de barriga, ninguém conta que tem dor de dente, que está no especial, que tem espinha, que tem medo, que é triste, que se sente solitário...

A alegria é fantástica, mas não é daí que vem o aprendizado. Felicidade não tem densidade.

A cultura japonesa tem um repertório fantástico para lidar com essas emoções e valorizar a vida como ela realmente é.

Uma técnica de restauração de objetos quebrados chamada kintsugi (emenda de ouro) cola os cacos de um objeto quebrado com uma resina dourada. Os japoneses valorizam as marcas de desgaste que mostram o uso de um objeto e sua serventia.

Um vaso que nunca se quebrou é apenas mais um vaso que foi fabricado em uma linha de montagem com centenas ou milhares de exemplares idênticos.

Mas um vaso que se quebra e é reconstituído com essa técnica tem suas imperfeições valorizadas com o ouro. Elas não são escondidas, evitadas ou disfarçadas. Pelo contrário. Se tornam mais nobres ainda. Isso faz com que a peça seja única.

E muito especial.

"É pela rachadura que entra a luz."

LEONARD COHEN

A experiência que me fez encontrar o propósito foi um aprendizado doloroso. A ruptura com um padrão de pensamento de três décadas não teve uma aterrissagem suave. Mas serviu claramente pra que eu entendesse o quanto a mudança era necessária. De uma forma muito simples, eu me transformei em uma pessoa melhor do que antes.

Treinar esse olhar e perceber como ser leve em um mundo pesado é orgânico. O mundo é o que de fato existe a nossa volta. Os familiares, os vizinhos, os colegas de trabalho. O mundo não é o longe. É o perto. Descobrir isso me fez ver quem precisava da ajuda que eu podia oferecer. Descobri com minha mulher um grupo que leva toda semana dois pães e um pingado a moradores de rua na praça da Sé.

Não chega nem perto de cumprir todas as necessidades. Mas ali, às seis e meia da manhã, um cafezinho com pão é tudo de que eles precisam naquele instante.

Essa entrega fez nascer um outro projeto, "O mar pela primeira vez". Uma ideia fantástica da Juju: levar crianças para um inesquecível encontro com o oceano.

É fácil imaginar a emoção de viver isso de perto.

Eu sou de Minas Gerais e sei exatamente onde, quando e como vi o mar pela primeira vez.

Acredito que a história da descoberta do meu propósito possa te ajudar a também encontrar o teu.

Muita gente confunde propósito com missão, com um sonho ou com um ideal de vida. Não é.

"Propósito é quando seus talentos se encontram com as necessidades do mundo."

ARISTÓTELES

Essa frase foi escrita há mais de dois mil anos e permanece forte e atual.

Ela mostra que existe um ponto de contato entre algo que você sabe fazer e algo de que o mundo precisa.

É uma forma muito interessante de descobrir onde começa o caminho do propósito.

Capítulo Três

Propósito: modo de usar

Como colocar em prática e, principalmente, como descobrir o propósito?

Para ajudar na resposta, eu fiz essa pergunta a cinco pessoas muito diferentes e muito especiais: uma educadora, um psicanalista, uma médica, uma ascensorista de elevador e uma monja budista.

Cinco profissões e cinco histórias que de alguma forma se completam.

Existe um ponto de convergência entre essas cinco pessoas.

Quando eu descobri que meu propósito é ser leve em um mundo pesado, alguns ensinamentos, enumerados no capítulo anterior, foram muito importantes: atenção aos sinais, iniciativa, alegria, resiliência, controle das emoções.

São pilares que estão diluídos na vida de todo dia. Reunidos formam hoje uma interessante estrutura de pensamento. Dedico esse entendimento aos meus cinco entrevistados pela generosidade com que me receberam, pelo carinho e pela atenção.

Em cada relato, existe o exemplo prático do propósito: a descoberta e a atitude.

É interessante perceber o desenho de cada história.

Não é uma estrada asfaltada de felicidade plena. É de tentativa e erro. E vice-versa. É de procura, inquietação e persistência. A vida é feita de escolhas? Claro que sim. Eles são o exemplo disso.

Todos fizeram escolhas determinantes, todos se depararam com uma bifurcação no caminho, respiraram fundo e seguiram adiante.

O propósito é a linha que liga cada uma dessas histórias de vida aos ensinamentos que foram tão importantes pra mim.

No primeiro relato, Tia Dag, a criadora da casa do Zezinho e da pedagogia do arco-íris, conta como é importante perceber os sinais que a vida manda.

Para falar sobre iniciativa, escolhi alguém que nunca exerceu o papel de vítima; o psicanalista Christian Dunker. Além do drama de sua família na Segunda Guerra Mundial, ele descobriu de forma prática que era preciso tomar as rédeas do seu destino.

Aprender a rir de si mesmo é um exercício de todo dia. Nesse terceiro aprendizado, o paralelo de vida é com a médica oncologista Paola Tôrres. Ela usa a riqueza e as cores da cultura nordestina para explicar um tema difícil: o câncer no sistema linfático. Escolheu o sertão do Ceará, escolheu a vida, a alegria, o cordel e a cantoria.

Sobre resiliência, o espaço curto de um elevador pode ser o bastante. Sheila Nunes é uma ascensorista que descobriu nesse breve intervalo de subidas e decidas um jeito de fazer diferença na vida de seus companheiros de viagem.

E por último, um ensinamento precioso: o autoconhecimento, o olhar pra dentro. Monja Coen abre sua tapeçaria de vida e mostra o caminho. Ter coerência no falar, no fazer e, principalmente, no pensar.

Capítulo Quatro

Perceba os sinais

Subversiva do bem: Tia Dag

A história da Tia Dag, além de propósito, tem luta, perseverança e sonho. Para entendermos toda a sua força, é preciso contarmos primeiro onde essa história acontece: numa "esquina do mundo" chamada São Paulo. A maior metrópole da América Latina; em suas favelas a população chega a dois milhões de pessoas.

A maior parte dessas favelas fica na zona sul da cidade. Três delas formam um território que ficou conhecido nos anos 1990 como triângulo da morte: Jardim São Luís, Jardim Ângela e Capão Redondo. A taxa de homicídios era de noventa e oito mortes para cada cem mil habitantes. Para se ter uma ideia do que esses números representam, Fortaleza, capital do Ceará, já foi considerada a cidade mais perigosa do Brasil com sessenta mortes para cada cem mil habitantes.

A região do triângulo da morte foi considerada pela ONU um dos lugares mais perigosos do mundo. Foi exatamente ali, também nos anos 1990, que surgiu a Casa do Zezinho.

Desde que eu me conheço por gente eu venho contra tudo. Eu nasci contra. Indignada. Sempre estou muito indignada com tudo e com todos.
O fato, por exemplo, de ser uma coordenadora pedagógica, uma pedagoga... Nem ligo pra isso. Nem fui pegar meu diploma na USP. Fiz uma monografia que eles, na época, não aceitaram, e então eu falei: Tá bom. Amém. Ponto.

Dagmar Riviere, a Tia Dag, nunca deixou de trabalhar com educação. Já são mais de quarenta anos nessa jornada. Mas quem pergunta se ela é pedagoga ouve um não como resposta.

Não sou pedagoga. Sou ser humano.
Quando comecei a trabalhar em escola, eu era mandada embora em três meses. Imagina, em 1970, 1976. Mas eu falei: vou dar aula na minha casa, do meu jeito. Foda-se o mundo. Comecei a trabalhar com filhos de exilados políticos que estavam no Brasil. Tinha argentino, tinha chileno, tinha gente fugindo da guerra do Líbano, tinha até famílias que vieram de Hiroshima, no Japão, tinha filhos de brasileiros perseguidos pela ditadura.
E, claro, todo bairro de classe média no Brasil tem no seu entorno uma favela. É quem serve a classe média, né? Empregada doméstica, motorista. Então eu também ti-

nha os alunos da favela. O que eu fazia era considerado um sacrilégio pela pedagogia; eu trabalhava com todo mundo junto. Mandei fazer uma mesa roxa, e todo mundo se sentava em volta, e a gente trabalhava junto. Isso foi dando muito certo. Trabalhar com diversidade foi ficando muito legal.

Tia Dag morava com o marido, o artista plástico Saulo Garroux, e o filho único do casal em uma casa de sessenta metros quadrados, e lá chegou a receber sessenta alunos.

É nesse tempo que eu começo a escrever a pedagogia do arco-íris. Esse nome é por causa dos vários tons, das várias cores e das várias histórias que cada um desses alunos trazia. E era interessante porque se alguém achava que sua história era a mais triste, "eu vim do Chile, minha mãe só veio com a roupa do corpo" ou então "eu vim da guerra", tinha também o menino da favela que dizia "eu moro em um barraco e minha vida também é difícil".

Era criança pra todo lado. Muito legal aquela confusão. As vozes, as línguas diferentes. E eu era o centro de convergência. Nessa época, começam a surgir na favela os "pés de pato", um grupo paramilitar que fazia justiça com as próprias mãos. Era o início do que se transformaria nas milícias de hoje. Esse pessoal começa a colocar nos postes da favela fotos de crianças de onze, doze, quinze anos no máximo. Elas estavam condenadas a morrer em até uma semana porque tinham roubado sabe o quê? Canetinha *hidrocor, que era uma novidade na época, Danoninho, que também era novidade. As crianças tinham roubado isso. Eu começo a ficar desesperada.*

Começo a procurar lugar em São Paulo para esconder essas crianças. Mas ninguém queria, todo mundo tinha medo. Grupo paramilitar, ditadura. Então eu falo: "Vai ser escondido. E na minha casa mesmo." É claro que a casa, que já não era grande, fica menor ainda, né?

Eu e meu marido (que também tinha sido exilado político) vamos procurar outra casa e encontramos uma no alto de uma montanha no Capão Redondo. Uma casa ótima e a gente pensa em morar lá. Mas eu achava melhor fazer outra coisa; decidi que nessa casa ia construir meu sonho. Eu ia ter uma casa de educação. Ao lado, já existia a favela do Parque Santo Antônio, do São Luiz, do Jardim Ângela. Pensei: "Aqui vai ser o que eu quero!" Chamo algumas amigas da USP e começamos. Cada dia uma falta no serviço e vem trabalhar na casa.

É assim que começa a Casa do Zezinho...

A inspiração do nome vem do poema de Carlos Drummond de Andrade:

"E agora, José?
A festa acabou, a luz apagou, o povo sumiu, a noite esfriou... e agora você?
Você que é sem nome."

Tia Dag quis fazer uma interpretação mais positiva do poema e trocou o "E agora, José?" pelo É agora, José!

A primeira vez em que eu coloquei sabonete com perfume cheiroso, de morango, pra lavar as mãos, eles começaram a comer o sabonete. A cada susto desse que eu levava me achava a pior educadora do mundo.

Teve uma criança que quebrou o dedo, e eu levei a um ortopedista. Ela precisou engessar o dedo e na volta passamos no McDonald's. Naquela época não tinha nenhum McDonald's na nossa região. Da ponte pra cá. Os rios de São Paulo viraram o nosso "muro de Berlim" fazendo a separação do rico e do pobre. A periferia sempre fica depois do rio. O garoto então chegou na casa com o gesso e com o brinde do McLanche Feliz.

No dia seguinte, eu tinha três meninos com o dedo quebrado. Tomei um susto! Caramba, o menino quebra um dedo por causa de um lanche? E fiquei imaginando o que eles fariam se fosse pra ganhar um tênis.

Eu reuni todos eles. Na época acho que eram uns setenta.

— Vocês estão quebrando o dedo pra ir ao McDonald's?

— Claro.

— Mas por que vocês não vieram me pedir?

— Mas pode pedir isso pra diretora?

Então eu expliquei que não era a diretora. Essa era a hierarquia montada na cabeça deles. A pedagogia tem que ser evolutiva, tem que ser móvel. Então eu criei comissões. São sete representantes de espaços da casa que vêm falar comigo a cada dois meses. E eles vêm com uma

pauta. Na primeira vez, a turma dos pequeninos, que é a sala violeta, teve a seguinte reivindicação:
    — Está faltando guache, tesoura e caneta de brilho.
    No dia seguinte, eu cheguei com um guache. Apenas um. Uma caneta e uma tesoura. E aí a sala inteira reclamou:
    — Tia Dag, nós somos trinta na turma.
    — Mas a comissão não pediu trinta!
    O resultado é que essa comissão acabou. Destituída. Fizeram um impeachment dos meninos!

Essa autonomia, esse senso de responsabilidade desde muito cedo pode impedir aquelas depredações tão frequentes nas escolas públicas que são praticadas pelos próprios alunos?

Quando isso acontece, ninguém pergunta de onde vem tanto ódio. Já faz tempo que eu estou nessa estrada da educação... Eu treino meus educadores para que tenham um olhar minucioso, uma audição minuciosa, para perceber se a criança está cheirando a xixi, a esgoto. Eu forço a barra dos cinco sentidos. É como se ele [o educador] tivesse que fazer outra faculdade. A faculdade real não ensina isso. Eles só aprendem a dar aula para a classe média.
    Um dia eu percebi que um menino estava com a mochila muito pesada e perguntei o que ele estava carregando. Era um arame de ferro bem dobradinho na mochila. Pra lembrar que se ele fizesse bagunça na escola e a mãe fosse chamada ele levaria uma surra com aquele arame.

Dos sete aos onze anos essas crianças apanham muito. Não é um tapa, não. É tortura mesmo. Apanham com fio de cobre, com cinto, com tudo. Será que a professora que manda o dever de casa para essa criança sabe se ela tem em casa uma mesa pra fazer aquela tarefa? Será que ela sabe que o menino tem uma mãe semianalfabeta que não vai poder ajudar?

A professora escreve assim: "Seu filho é uma peste, seu filho nao fez o dever de casa." A mãe não está preocupada com o estudo. Ela está preocupada em não perder o bolsa leite, o Bolsa Família. Quando esse moleque faz doze anos ele decide que não vai apanhar mais. Eu tenho aqui o mesmo "cliente" da escola pública. Eles estudam lá um período e no outro vêm pra cá.

Na Casa do Zezinho, as crianças conhecem os quatro pilares da pedagogia do arco-íris:

Ser (espiritualidade)
Conhecer (ciências)
Saber (filosofia)
Fazer (arte)

Cada espaço da casa representa uma cor, uma etapa. É uma evolução, um desenvolvimento até chegar a última cor. Nesse processo, eles têm aula de música, literatura, inglês, informática, atividades esportivas e várias oficinas artísticas.

Lá, as crianças também fazem as principais refeições do dia.

No começo a escola pública começou a brigar comigo. Pediam para as mães tirarem os filhos da Casa do Zezinho dizendo que aqui a gente estragava as crianças. Mimava as crianças...

A gente fez então um levantamento das escolas públicas da região. Na época eram quarenta, hoje são mais de cento e cinquenta. Chamei todo mundo pra conhecer a Casa do Zezinho. Quando as professoras chegaram tinha uma tela, um espelho, tinta e pincel. Eu pedi que cada professora fizesse um autorretrato para que a gente se conhecesse melhor. Isso melhorou muito nossa relação.

O componente principal da Casa do Zezinho é o sonho. Quando eu perguntei para as crianças qual era o sonho delas, a resposta foi: "É sonho de sonhar de dormir?" Eles tinham muita dificuldade de falar sobre isso. A gente então fez travesseiros. Eles fizeram, eles pintaram. Eu coloquei umas ervas também pra ajudar; erva doce, camomila. Até hoje a gente faz travesseiros pra ajudar a sonhar um sonho.

E qual é o sonho da Tia Dag?

Em primeiro lugar, eu gostaria que todas as crianças e jovens do mundo tivessem acesso ao amor do educar, ao amor do conhecimento, das artes... Já me falaram uma vez pra fazer franquias da Casa do Zezinho, pra atender um número maior de crianças. Eu fui contra porque estamos lidando com o ser humano e isso é muito complexo.

Mas pra todo lugar que quer esse modelo "Casa do Zezinho", eu mando um questionário com cem perguntas.
Quero saber qual é a população que vai ser atendida. E também é preciso saber o que eles querem. Eu fiz isso aqui. Antes de tudo eu perguntei na favela quais eram as necessidades. A primeira coisa é sempre comida.
Mas é a partir desse questionário, sabendo o que acontece no entorno, que dá pra ser moldada uma pedagogia.

O meu sonho é muito grande. Eu não vou parar tão cedo. Eu inventei outro dia o "Se cuida, Zezinho". A ideia é oferecer acupuntura, shiatsu, massagens com óleos essenciais para os Zezinhos e também para as mães e os pais. Tinha muita resistência com a acupuntura.
Até que em uma reunião com os pais eu fui lá na frente e fiz uma sessão pra todo mundo ver. Expliquei que as agulhas não doíam e que eu não tinha virado um chuveiro. Ensinei também a fazer sabonete, aromatizador. É muito importante isso. Entender que tem gente que mora no esgoto. O cheiro no sol e no calor não é brincadeira.
A gente tem também um projeto que meu filho criou com minha nora em São Francisco Xavier [cidade do interior de São Paulo a cento e cinquenta quilômetros da capital, na deslumbrante serra da Mantiqueira]. São cinco alqueires de mata primária. Os Zezinhos que estão jurados de morte, que caíram no tráfico, vão pra lá ficar em contato com a natureza. É gente que nunca viu um bicho na vida, eles nunca tiveram nada. Eu também levo pra ver o mar pela primeira vez.

Uma vez eu estava em um restaurante no interior de Goiás e ouvi duas pessoas conversando ao meu lado sobre a possibilidade de abrir uma biblioteca comunitária.

Eles estavam fazendo planos, mas não tinham esperança por causa de inúmeras dificuldades. Estavam já quase desistindo quando eu pedi pra entrar na conversa e ajudei no projeto, explicando o que era preciso fazer. Na verdade, eu praticamente abri essa biblioteca.

Outro dia recebi a visita de um comandante do batalhão de polícia que fica perto da Casa do Zezinho, e ele me falou, brincando, que nunca iria me prender. Eu disse que sabia por quê. Eu criaria a maior escola do mundo dentro do presídio. Com essa escola todo mundo iria se educar e no fim das contas a gente, claro, faria uma rebelião do bem!

E plano B? Você tem?

Eu acho que as pessoas precisam não só do plano B, mas de outros também. Quando as pessoas ficam focadas só na própria vida é muito ruim.

Olha essa situação, na pandemia do coronavírus. Antes não existia tempo para olhar os filhos, para fazer a lição de casa. Antes não dava tempo de ouvir a natureza, era preciso ganhar dinheiro, ir ao shopping, comprar. E tudo de uma hora pra outra acaba.

Durante a pandemia eu acompanhei as crianças pelo Zoom. Dei aula para os educadores e professores também. Eu estou morando provisoriamente em Ubatuba, no lito-

ral norte de São Paulo, e já me descobriram aqui. Uma moça veio me pedir ajuda para abrir um projeto em Caraguatatuba. Eu expliquei tudo pra ela.

Eu acho que a pessoa não pode ter só um plano. Nos tempos atuais precisamos ter milhares de planos. A gente tem que pensar assim, senão morre. Eu acho que abandonar um emprego depois de muitos anos é uma bênção.

A liberdade nesses empregos é sempre entre aspas. Eu tenho liberdade na minha vida e não admito que alguém me dê ordens. Falou VOCÊ TEM QUE... fecha o tempo. Eu brigo mesmo.

Meu pai foi um dos fundadores da escola Senai no Brasil. Ele trouxe para o Brasil a pedagogia industrial. Dentro de casa eu já tinha esse ambiente. Eu tive uma criação à frente do meu tempo.

Eu estava em dúvida entre fazer pedagogia, engenharia civil e medicina. Mas é tudo pensando no outro. Eu fui pra pedagogia achando que depois poderia fazer uma faculdade de medicina. Eu ainda estudo. Faço curso a distância.

Eu não quero parar nunca. Agora estou estudando arte na Renascença. Quero entender como a vida e o mundo renasceram depois de um período medieval. De trevas. Acho que agora vai acontecer isso de novo. Vai renascer algo no mundo e eu quero entender. Estou indo na origem. Também já fiz cursos de gestão educacional... Tenho que estudar ou eu não me sinto.

A pessoa nasce para o que é?

Eu tenho certeza de que em qualquer profissão que escolhesse eu iria ajudar os outros. Isso é muito normal na minha família. Vem de muito antes. Na minha casa sempre teve muita gente morando. O olhar sempre foi outro. Vejo isso nas minhas netas também. Na rua, quando veem uma bituca de cigarro no chão, elas pegam.

Isso está dentro da pessoa, não é? Se eu tivesse feito medicina com certeza teria um hospital para os pobres, se fosse engenharia, eu ia construir casa pra eles. Eu acho que a favela é um mediterrâneo, é uma Grécia. Os arquitetos podem melhorar aquilo lá fazendo uma janelinha melhor, pra circular mais ar... É só querer que dava pra consertar muita coisa no mundo construindo casas.

Eu não posso viver só pra mim. Não tem isso. O homem é um ser social. A gente é tribo, é aldeia. É sempre vivendo pro mundo. A gente está aqui usando uma casa que é o mundo, é o planeta.

As minhas netas acham ruim que outras crianças também me chamam de vó. Eu digo que sou vó de todo mundo. Meu coração é vagabundo pra caramba, cabe todo mundo.

Nesse coração imenso, Tia Dag coleciona muitas histórias de Zezinhos e Zezinhas que ela ajudou a transformar. Um deles é o Marcos Lopes. Com catorze anos, conheceu a Casa do Zezinho, mas se afastou de lá depois de ter sido expulso por assaltar a cantina de sua outra escola. Ficou com vergonha de contar tudo isso pra Tia Dag. Virou presa fácil para o mundo do crime. Aos dezesseis anos já era chefe de uma boca de fumo e também assaltante. Viu muitos colegas serem assassinados. Nessa época, sua melhor amiga, que também era do tráfico, fez um pedido a ele: não queria ser enterrada no cemitério São Luiz — destino final das vítimas de homicídios no fundão da zona sul paulistana. Essa amiga acabou assassinada, e ele foi pedir dinheiro pra uma das poucas pessoas que haviam lhe estendido a mão, Tia Dag.

Ela disse que sim, tinha dinheiro pra que ele pudesse enterrar a amiga longe do São Luiz. E aproveitou a oportunidade para fazer uma pergunta desconcertante.

Eu perguntei pra ele: quem é que vai vir aqui buscar dinheiro pro seu enterro? Ele desmontou.

Marcos Lopes entendeu o recado. Voltou pra Casa do Zezinho, retomou os estudos, se formou em letras, virou professor na mesma escola de onde foi expulso e escreveu um livro contando sua história. Hoje ele mora nos Estados Unidos e coordena de lá o Instituto Projeto Sonhar, que ajuda a retirar crianças e adolescentes de áreas de risco.

É preciso ser ligeiro, né? A resposta tem que ser rápida. Tem várias histórias assim. Tem uma menina, uma criança ainda, que queria ser prostituta. Quando eu fui conversar com ela, me perguntou, em tom de desafio:

— Você nunca pensou em ser puta, Tia Dag? — Eu respondi pra ela que não tinha nenhum problema em ser

puta. Mas que se eu fosse puta, seria puta em Brasília e não na periferia de São Paulo.

Eu usava essa tática também com os meninos que começavam a trabalhar no tráfico, os "aviõezinhos" que tomavam conta de biqueira. Eles pegam meninos de doze anos só pra ficar olhando... sem fazer nada, só olhar. Esses meninos ganham cem reais por semana. Olha meu concorrente quem é! Um educador muito bom também!

Então eu dizia assim: "Ganhar cem reais por semana? Deus me livre!! Isso é coisa de pobre." Dizia que ia fazer administração de empresas para saber gerenciar o dinheiro, pra fazer render o dinheiro. Vou inventando umas histórias malucas de logística, de lucro. E o olho da criança fica brilhando. Eu então digo que fazendo tudo isso eu não ganharia cem reais por semana, ganharia um milhão. "E você se contenta com essa merreca de cem reais por semana?"

E quando dizem que isso tudo é enxugar gelo?

Dizem que eu sou subversiva da cadeia produtiva. Porque muitas pessoas que me conhecem acabam abandonando o emprego para trabalhar com esse sonho... exatamente pra enxugar gelo comigo. Eu pergunto: "Por que você está trabalhando pra essa empresa? Para esse patrão? Trabalha pra você e pro mundo. É muito melhor ser livre!"

Quando a gente perde o emprego e fica desesperado achando que não vai conseguir fazer mais nada, isso é uma grande mentira que inventaram. A mente da gente mente. É assim que a gente descobre talentos sufocados. Eu pego todas as ideias do universo. Não invento nada. Estou sempre com minha parabólica atenta.

Acho que quando você passa mais de cinco anos em uma empresa já te sugaram o cérebro, já te sugaram suas habilidades, suas competências. Acabou! Pra mim, a cada cinco anos é preciso renovar o ciclo.

Eu lembro que uma vez estava com meu pai no carro e ouvimos no rádio a notícia sobre um carteiro que ganhou um prêmio por trinta anos de trabalho. Eu era criança e comentei:

— Que prêmio bacana, né?

Meu pai virou pra mim e disse:

— Esse sujeito é um burro. Um burro! Trinta anos de trabalho e não conseguiu ser o dono dos Correios!

Eu nunca mais esqueci isso.

Na Casa do Zezinho cinco anos é um milênio. Quando eu percebo que a pedagogia está rodando, está tudo calmo demais, eu mudo. Lá não tem sinal, aquela campainha irritante na hora do recreio e no começo das aulas. Isso é coisa pra condicionar você no trabalho de fábrica. É um apito de fábrica.

Se eu vou fazer palestra em uma faculdade que toca o sinal, eu digo: "Estou indo embora. Essa escola ainda está na era industrial!"

Odeio a palavra empreendedorismo. Empoderamento também, eu não suporto. Essas palavras não fazem sentido na vida de quem tem que "se virar nos trinta" há muito tempo... a vida toda.

Na Casa do Zezinho eu não admito porta fechada. Todas as portas estão sempre abertas, principalmente a da minha sala, que sempre é uma grande bagunça. Todo mundo entra a hora que quiser.

Uma vez um menino veio pra minha sala, deitou no meu colo e dormiu. Quando ele acordou, perguntei se ele não dormia à noite. Ele disse que trabalhava à noite. Eu fiquei muito brava. Eu não sabia. Como assim? Uma criança que trabalha? Eu tenho um dragão dentro de mim. Eu sou áries com leão! O menino me contou que vendia flor à noite no Largo da Batata, em Pinheiros, zona oeste de São Paulo.

Naquele mesmo dia eu fui na casa dele. Lá morava uma vó e cinco netos com idade entre sete e oito anos. Eu sei que sou muito arrogante, especialmente em situações como essa. Falei com aquela senhora:

— Escuta, como é que você coloca essas crianças tão novas para trabalhar à noite vendendo flor? Por que não coloca os mais velhos?

Ela olhou pra minha cara e disparou:

— Você por acaso compra flor de alguém no bar ou restaurante que é maior do que a sua mesa?

Ela já era uma empreendedora. E falou uma outra frase que eu nunca esqueci:

— Deus me deu o castigo de só ter tido filhas mulheres.

As filhas ficavam grávidas e deixavam os meninos com ela. Uma conta que nunca fechava.

Na favela, de diversas formas não convencionais, o empreendedorismo sempre existiu. A necessidade, a po-

breza, a falta... Isso é uma fábrica de criatividade. Seja pra roubar, pra vender droga, seja pro que for, é uma fábrica de criatividade.

Recentemente eu coloquei na Casa do Zezinho as avós que ficam em casa e muitas vezes sustentam a família com a aposentadoria. Elas ficam lá fazendo costura, tricô, crochê, bordado. E os meninos mais velhos dão aula de internet pra elas. É uma felicidade quando as velhinhas me contam que já estão no Facebook.

É preciso fazer as pontes. As pontes.

Atualmente existe uma fila de espera de dois mil Zezinhos pra entrar na casa. É assim há muitos anos.

Outro dia recebi uma ligação de alguém pedindo que eu fizesse uma outra sede da Casa do Zezinho, no Jardim Jandira. Eu perguntei se ele era o líder comunitário e ele disse que era a pessoa que mandava em tudo por lá. Saquei que era um chefe do tráfico e pedi que ele viesse conversar comigo.

Quando ele chegou, eu disse:

— Pra gente começar a conversa você senta direito. Esse aqui não é seu território. É o meu.

Perguntei o que tinha de bom na quebrada dele.

— Nós é do grafite, da pichação, do rap...

Eu falei:

— Pronto! Você vai abrir um estúdio pra todo mundo gravar as músicas, uma oficina de grafite. Eu vou te dando aula pra você entender da parte administrativa, da captação de recursos.

E assim foi feito. Isso, sim, é empreendedorismo. É assim que são acionados os tentáculos da Casa do Zezinho. Já abri biblioteca em biqueira do tráfico e mandei tirar a biqueira. A biblioteca já começa chique, com laptop, com tudo. Uma vez vieram reclamar que as pessoas não estavam devolvendo os livros. Mas não é melhor ter um livro em casa do que uma arma? Eles não tinham ainda a noção da devolução, do emprestar. "Ou eu vou pegar, ou eu vou roubar." Nossa falta de educação e de atenção vem de muito longe...

Tia Dag segue tentando diminuir essa distância. Vinte e cinco mil Zezinhos já foram acolhidos por ela nesses vinte e seis anos. Advogados, dentistas, músicos, engenheiros, médicos, professores... Zezinhos que hoje estão pelo mundo. A casa recebe diariamente mil crianças e adolescentes e mais trezentos familiares. Oitenta por cento dos funcionários são ex--Zezinhos e Zezinhas.

Perceba os sinais

Descubra seu caminho. Tia Dag mostra isso com sua própria vida. Ela está atenta. É uma mulher forte que encara o mundo de frente. A primeira vez que estive na Casa do Zezinho foi durante uma reportagem para a TV Globo. Ela me mostrou com muito orgulho uma oficina de mosaicos. Apontou para os cacos de azulejo e disse: "Aqui nessa oficina os meninos encontram uma situação muito parecida com a vida deles: a desconstrução, os cacos e, apesar de tudo, a possibilidade de refazer um caminho, de montar um desenho com o que antes não parecia servir pra nada. O mosaico faz isso. É uma arte milenar de reconstrução de narrativa. Um azulejo quebrado encontra uma nova chance ao lado de cacos também quebrados de outros azulejos de cores e texturas diferentes, mas iguais na essência."

Em um primeiro instante, Tia Dag pode parecer uma mulher brava. Seu histórico de vida contribui pra essa imagem: não tem medo de polícia, não tem medo de bandido. Mas é só reparar mais um pouco pra ver quanta doçura existe nela. O quanto seu sorriso é acolhedor, como seus olhos brilham quando fala dos Zezinhos que ela tanto ama.

O que fez Tia Dag chegar aonde chegou foi também escutar os sinais que a vida mandou. Quando o curso de pedagogia da USP se negou a aceitar seu trabalho de conclusão, ela não quis voltar pra pegar o diploma. Olhou pra frente e viu o mundo que existia a sua volta.

Quando não conseguia continuar por mais de três meses nas escolas em que era contratada como pedagoga, entendeu outro sinal: construiu a sua. Em casa, em torno de uma mesa.

Quando a casa de sessenta metros quadrados ficou pequena, procurou uma maior; não só para morar, mas também para cuidar, acolher.

Era mais um sinal: a casa seria um lugar pra sonhar.

Toda vez que algum Zezinho já adulto conta sua experiência com a Tia Dag, invariavelmente chega a uma pergunta feita por ela no primeiro encontro: "E aí? Qual é o seu sonho?"

Esse é o principal talento dela: despertar o outro para o sonho. E o que são os sonhos senão sinais que a vida manda?

Capítulo Cinco

Tenha iniciativa

O propósito de ouvir: Christian Dunker

Para encontrar o ponto de convergência entre o talento e as necessidades do mundo, na definição clássica de propósito feita por Aristóteles, a escuta é fundamental. Ouvir pra entender é tarefa natural da psicanálise.

"Quando você escuta os sussurros que a vida dá, ela te presenteia. [...] Quando você se sente escutado, você quer mais. E quando você acha que escuta, o outro quer mais também."

Essas frases são do psicanalista Christian Dunker. É dele também uma emblemática definição social do período brasileiro de quarentena e enfrentamento à COVID-19: "Se você não está confuso neste momento, você tem um problema, e ele não é o coronavírus."

Christian é, antes de tudo, um "explicador" do nosso tempo. É professor titular de psicanálise e psicopatologia da Universidade de São Paulo. E acredita que a psicanálise, na medida do possível, pode explicar o propósito e também discutir a suposta necessidade de um plano B.

Segundo ele, existem vários elementos nessa definição: o incômodo, a história de vida, a percepção do outro... "Não é só o que você gosta, nem é um hobby."

Por pouco Christian não nasceu brasileiro. É o que indica seu nome completo. Difícil de falar e mais ainda de soletrar: Christian Ingo Lenz Dunker.

A história da minha vó é uma história curiosa. Meus bisavós chegam ao Brasil pra tomar conta de um orfanato a convite do regente Feijó no século XIX. Minha vó nasce aqui e vira professora de um colégio alemão. Conhece meu avô em 1933, que veio para o Brasil fazer um estágio nessa escola.

Eles se casam em 1934 e vão para a Alemanha. Em que lugar você ia querer passar o resto de sua vida? Na Alemanha, claro!

Em 1934, o regime nazista começa a interferir na política da Alemanha. Nos anos seguintes, o poder nazista só aumenta. Em 1939, começa a Segunda Guerra Mundial. O avô de Christian é professor de artes em uma universidade e com o avanço das forças aliadas acaba sendo convocado pelo exército alemão. Ele não era um soldado. Era um intelectual, um professor.

Meu avô vai pra Rússia e luta em Stalingrado... Chega perto de Moscou, e daí os russos fazem aquela pinça e matam muitos alemães em uma batalha. Ele estava ali, naquela luta, mas ninguém teve mais notícia dele. Nunca acharam o corpo.

E aí minha vó começa a fugir dentro da própria Alemanha. Sozinha com seus filhos (um deles meu pai), ela vê de um lado a ameaça dos russos e, de outro, os americanos.

Durante a guerra, ela mora em Hamburgo, depois vai pra Polônia e pra Tchecoslováquia. Tinha o sonho de voltar um dia para o Brasil. Quando consegue chegar aqui, meu pai já tem 15 anos. Em algum momento ele encontra minha mãe e se estabelece no Rio Grande do Sul. Minha história tem uma origem muito marcada pela guerra.

Foi também muito marcante a separação dos meus pais. Meio violenta, envolvendo uma experiência forte. A gente levava uma vida de classe média alta e de repente não tinha mais o que comer. Trabalhei em banca de jornal, em McDonald's, construção civil, levantei muro...

Foi um momento assim: escuta, o mundo é bem maior do que você imagina, meu caro. Eu tinha uns 14 anos, e isso [essa vida difícil] só foi mudar um pouco quando eu já estava no meio da faculdade.

É uma época de formação e questionamentos... Tentei jogar futebol profissional no São Paulo como goleiro. Era meu negócio. Meu grande plano. Eu ia mesmo jogar futebol.

Aí tem um momento muito turbulento em que eu começo a ler coisas sobre ocultismo, magia, outras religiões, Jung, Yogananda, Gurdjief...

E isso foi muito especial. Duas coisas combinadas. Primeiro, você pode perder tudo que tem. Amigos, dinheiro... O mundo pode acabar, entendeu? Porque era essa a retórica da minha família: vai vir a guerra, vai vir a guerra, uma hora vem a Terceira Guerra.

E veio mesmo; a Terceira Guerra, para mim, foi tudo isso.

Ter perspectiva para o futuro, contar com uma história mais longa, com algum ordenamento de ações, é o mais importante para sobreviver a um momento de turbulência. Faz diferença.

Uma coisa de que depois eu me dei conta é que quando se está em uma situação meio traumática, que veio de surpresa, a gente não consegue sonhar... A gente não consegue perceber a importância de planejar as coisas. Eu, por exemplo, prestei vestibular pra psicologia como um tiro completamente errático no escuro. Eu tinha 18 anos. Podia ter sido história, fisioterapia...

Era uma coisa muito nebulosa do ponto de vista do que fazer da vida. Mas tinha um detalhe: ajudar os outros. Isso se formou em mim.

Você começa a dar valor pra quem te oferece um pedaço de pão, para aquele cara que fala: "Eu preciso de alguém pra me substituir na banca de jornal e tal, então vai lá..." Se não fosse por ele, eu não teria conseguido comer naquele dia. Você começa a ver os pequenos movimentos do outro e pensa: "É isso aí."

Talvez eu tenha buscado tudo isso por causa da experiência da minha vó durante a guerra; ela também contou com a ajuda de muitas pessoas.

Em maio de 1945, quando termina a Segunda Guerra Mundial, a avó de Christian está em algum lugar entre Dresden e Chemnitz, perto da fronteira da Alemanha com a República Tcheca, entre os avanços de dois exércitos; do leste e do oeste. Vai fugindo para aldeias cada vez menores até chegar a um pequeno povoado costeiro na Polônia.

Ela dizia que o pior da guerra era o que vinha depois; o acerto de contas e a vingança, desrespeitando regras elementares de ocupação militar.

Nesse período, acontecem estupros em massa tanto por parte dos soviéticos quanto de americanos. Christian conta que sua avó manteve uma esperança mágica de voltar pra casa, em Hamburgo, quase na outra ponta de uma Alemanha completamente em ruínas.

Ela imaginava reencontrar sua antiga bicicleta pendurada na parede e de lá sair pedalando com os filhos na garupa até chegar ao Brasil. Essa jornada de esperança está diretamente relacionada à existência de Christian.

Sua avó foi amparada, acolhida, ouvida por pessoas tão sem esperança quanto ela própria. Quando conta essa história, o psicanalista gosta de lembrar que estar perdido e se encontrar nem sempre são opostos perfeitos.

Tem um ponto importante: eu me achava uma pessoa muito deficitária. Tanto pela experiência passada quanto por ser um péssimo aluno. Eu vivia repetindo de ano, ficava sempre em recuperação... meus amigos todos tinham mais conteúdo cognitivo do que eu, mas quando entrei pra faculdade percebi que eu tinha muito mais repertório que os outros.

Comecei a encontrar rotas paralelas superpreciosas. Trigonometria e álgebra tinham saído pra sempre da minha vida!

Apesar desse momento na faculdade, alguma coisa me dizia que eu não ia conseguir me sustentar com a psicologia.

Não dá dinheiro, não tem emprego, não tem futuro. Na faculdade, a gente escuta o tempo todo que leva uns dez anos para se tornar um clínico, é preciso ter um consultório, uma rede de clientes. E eu não tinha esse gás, esse fôlego, então foi um pouco inesperado quando, muito cedo, consegui uma oportunidade de dar aula. Apareceram também alguns pacientes, foi uma coisa que me espantou. Eu pensei: "Dá pra fazer!"

Isso foi muito importante na minha trajetória. Por já ter vivido a escassez, cada coisa que me acontecia era um presente. Eu via que a maior parte dos psicólogos não conseguia mesmo atuar na área, porque tinha que fazer outras coisas para complementar a renda e acabava não ganhando experiência, ia se afastando do ramo. Eu achava que iria nessa direção também, mas alguns encontros importantes começaram a plantar em mim a ideia de que poderia dar certo.

De que o mundo me daria essa condição.

Esse teria sido um encontro com o propósito? O ponto de contato do seu talento com as necessidades do mundo?

Eu acho que o propósito é um certo estado ou relação que a gente tem com o desejo. Um estado/relação que envolve um tipo de fidelidade; quando você trai esse desejo, você está se desviando dele.

Mas também pra mim vai ficando mais claro que isso se distingue de duas outras coisas parecidas: o que você gosta não tem nada a ver com seu propósito.

O seu gosto acaba se formando nos encontros, no futebol, na música... O seu universo de prazer é superimportante, mas não é o propósito. O propósito é uma coisa que fica na fronteira, na lateral. Não pode ser fora!

É claro que não dá pra escolher alguma coisa que seja totalmente sem graça pra mim. Não! O propósito é como se fosse a moldura, é como se fosse o litoral.

E, por outro lado, o propósito também não está nas coisas que você ama. O que você ama fazer, que faz com carinho. Um hobby ou algo que exija uma dedicação contínua, que você faça bem.

Posso dizer francamente como psicanalista, como psicólogo: eu devo muito mais à transpiração do que à inspiração. Vejo que entre meus alunos há alguns que sabem fazer. É natural e espontâneo. Eles precisam só de um pouco de teoria, mas é um saber nativo.

Eu não tive esse saber nativo. Fui pensando e cortando, forçando pra cá e pra lá. São coisas que precisam de amor.

Isso tem relação com o grupo de pessoas com que você convive.

Quando a gente fala em profissão, poucos se dão conta de que profissão é o ambiente em que você vai estar. São as pessoas com quem você vai estar durante a maior parte do seu tempo.
Eu acho que o propósito é uma terceira margem do rio.
É um nome para o desejo, né?

É uma descoberta dolorosa?

Propósito não é uma meta, não é um objetivo de vida como o de quem decide ir para o Xingu trabalhar com os índios. Isso é um plano, é um projeto bacana. É uma missão.
A confusão surge na hora de identificar o propósito no meio de tudo isso. Vou explicar:
Propósito envolve uma espécie de novelo temporal. A gente acha que ele está lá na frente, mas tem muita relação com a história. É a ponta de um novelo, mas precisa da outra ponta e também de uma certa repetição no presente.
Você parte do presente, vai ao passado e o propósito te aponta para um futuro. E assim você pode ter uma ideia da direção. Não quer dizer que seja ir para o Xingu com índios. Mas você pode dizer: é mais ou menos por aqui.
Quem, como e qual é o seu outro? Acho que para descobrir o propósito é preciso responder essa pergunta.
Propósito também tem a ver com as perdas que você quer repor. Que você quer reconstruir. Não só do ponto de vista do objeto, das coisas efetivamente perdidas, mas

do tipo de experiência que você quer consertar, reviver. Pode ser o que te falta. Pode ser a brecha, o espaço onde você intui que, no fundo, está faltando uma coisa e que você se propõe a preencher.

E o plano B?

Eu acho que plano B remete ao lado B da vida. Algo que poderia ter sido.

O poeta Robert Frost tem um poema que fala sobre um cara que se depara com dois caminhos que se abrem; um é bem pavimentado e bem definido. E outro é cheio de ervas daninhas e menos usado. E daí ele toma esse segundo caminho.

Ele faz a escolha, segue em frente e fica pensando sobre o caminho que ele não escolheu. E a vida é assim, vai acontecendo em paralelo ao caminho que você não tomou. Isso vai existir pra sempre na vida de quem fez a escolha. Isso tudo é estrutural.

A pessoa que não tem um lado B tem um problema. Tem um problema sério com a capacidade de intuir sua fantasia e também com a sua própria máquina de sonhar.

Mas também sempre existe a falsa solução necessária. O mordomo que não é o assassino. Frequentemente as pessoas fazem isso quando encontram obstáculos no caminho escolhido. Elas pensam assim: a solução existe mesmo é no outro caminho. Com essa erva daninha.

Então o que se pensa é: o que eu preciso fazer? Uma hora eu vou ter que ir para o lado B. Só que, quando se vai para o lado B, este se transforma no lado A e surge então o lado C.

Mas como assim? Não era pra ter resolvido esse problema?

Não existe essa solução. O lado B é feito para permanecer como lado B. Eternamente.

É uma alegoria?

Não. É mais que isso. É uma alegoria que também vai mandando ecos na sua vida e vai dizendo: esse caminho que você não tomou tem uma parte do seu desejo. Como é que você vai intuir, o que é que você vai fazer com essas coisas todas que te pertencem, que te fizeram ser quem você é na vida, mas que não foram atualizadas? Elas são uma espécie de anti-você.

O lado B faz parte de você, mas não aconteceu.

O que fazer então com tudo isso? Um luto. Esse é o luto de você. Não de algo que você perdeu. É o luto em você.

Quem não cuida desse processo vai ter dificuldade de lidar com um dos efeitos do luto. Os fantasmas. Se não enterrar direito, a coisa volta.

No lugar da saudade, no lugar de dizer que tem uma coisa que me leva para o lado B, eu vou trazer isso... esse traço, essa lembrança, do lado B para o lado A. Mas em vez de apenas trazer isso, a pessoa insiste em mudar para o lado B. E daí se forma o lado C e a coisa vai complicando...

Iniciativa

O papel de vítima é um perigoso cobertor quentinho e confortável. Um lugar pra receber nossas maiores frustrações. Neste lugar de vítima cabem desculpas de uma vida inteira que poderia ter sido e não foi...

Todas as desculpas pra não ter feito boas escolhas, todas as explicações para não ter sido, pra não isso, pra não aquilo. É uma autoexplicação tão bem aceita socialmente que o vitimismo acaba fazendo parte de uma biografia. Vítima das circunstâncias, vítima da ira divina, vítima do chefe tirano... A lista é imensa.

Christian Dunker teve muitas oportunidades de se aconchegar nesse cômodo nublado da vítima. A mudança de seus avós do Brasil para a Alemanha, a Segunda Guerra Mundial, a convocação de seu avô, professor universitário, a lutar contra os russos sem nunca voltar para casa, a busca de sua avó por ajuda entre os escombros da guerra...

Ali, antes mesmo de ele nascer, estavam todas as desculpas que ele poderia dar ao longo da vida. E depois também, foi preciso muita iniciativa para seguir em frente, lição que ele aprendeu bem cedo, desde a separação dos pais. Um adolescente de classe média que, de uma hora para outra, teve que aprender a se virar para sobreviver. Sem iniciativa não seria possível se reinventar do zero. Essa foi a sua Terceira Guerra Mundial particular. A escassez plena.

Essa foi a percepção de ter e perder. Mas também foi o precioso tempo de entender que o mundo é muito grande. Que o mundo é maior que nosso próprio drama.

Mais uma vez ele toma a iniciativa. De ler grandes pensadores.

Descobre a magia, o ocultismo...

Histórias de vida e de entendimento.

Na escola não era um bom aluno e faz o vestibular como um tiro no escuro, com grandes dúvidas sobre o futuro profissional; escolhe o curso de psicologia, mas já tinha escolhido um farol para sua existência: ajudar as pessoas.

Tudo isso porque, anos antes, ajudaram sua avó a sobreviver nos escombros e a manter vivo o sonho de voltar ao Brasil com dois filhos pequenos. Tudo isso porque, anos antes, ele também foi ajudado.

O papel de vítima sobrevoa toda essa trajetória. Seria perfeito pra justificar qualquer escolha equivocada. Mas Christian escolhe ter iniciativa.

É muito interessante quando o futuro professor Dunker percebe que o mundo universitário tem rotas paralelas, que ele ficou livre das equações matemáticas e que pode conhecer novos caminhos. Ele descobre que tem repertório, que tem condições de ser um bom profissional mesmo com todas as dificuldades do mercado de trabalho. Viver da psicologia, a princípio, parecia algo distante, mas ele vai colecionando pequenas conquistas. Presentes da vida que aprendeu a valorizar.

Aprendeu e escolheu comemorar.

Quando fiz essa entrevista com ele em uma manhã de quarta-feira em São Paulo, saí de sua casa com aquela sensação boa de ter lido um livro fantástico. Ou de ter visto um filme muito bom.

A primeira coisa que fiz quando cheguei em casa foi procurar o poema de Robert Frost citado por ele, um trecho dele aqui:

"Duas trilhas divergiam sob árvores amarelas
E eu, triste por não poder percorrer ambas
E permanecer um, detive-me em longa espera."

Capítulo Seis

Rir de você mesmo

A doutora e o cordel: Paola Tôrres

A Dra. Paola Tôrres é médica oncologista e professora da Universidade Federal do Ceará. Sua especialidade é o tratamento dos linfomas, neoplasia maligna que tem grandes chances de cura na maioria dos casos. Mas o tratamento é complexo e exige infraestrutura, medicamentos especiais e tecnologia que só estão disponíveis nos grandes centros hospitalares.

Esse é o desafio da Dra. Paola: explicar no sertão nordestino a complexidade da doença, falar de saúde e qualidade de vida para gente que está a oitocentos quilômetros do consultório mais próximo.

Alguns remédios que ela usa também fazem parte de sua história: a cantoria, o cordel, as cores, o ritmo e a rima da cultura popular. Quando tinha dez anos pensou em fugir com o circo pra conhecer o mundo muito além do sertão.

Virou médica, mas nunca deixou de ser artista. Acredita em uma medicina integrada, tem certeza absoluta de que a alegria é cura e vice-versa.

Vou tomar posse na Academia Brasileira de Literatura de Cordel. Foi uma coisa surpreendente.

Quando eu era muito criança, tinha vontade de escrever. Mas eu queria escrever igual ao Guimarães Rosa. E como eu não escrevia igual a ele, desisti, né?

Mas no fim das contas, hoje sou escritora e é interessante porque o que mais me emociona é que não sou uma escritora incrível... E mesmo assim, quando um paciente compra meu livro, uma pessoa simples que compra não porque quer ler, mas sim porque fui eu que escrevi, só para me prestigiar, e ele abre o livro e entende... Aquilo gera uma felicidade enorme nele. E mais ainda em mim.

Eu descobri que quero mesmo é escrever coisas que as pessoas simples entendam. Quero é me comunicar com essas pessoas. Não quero mostrar nenhum tipo de intelectualidade... uma ideia incrível, filosófica, não. Eu quero me comunicar com narrativas de vida que façam sentido e ressoem nas pessoas simples.

Eu tenho um bisavô italiano. Ele veio de navio para trabalhar no Brasil. E nesse navio estava tendo cólera. Na travessia do Oceano Atlântico, da Europa pra cá, eles vinham pela costa do Nordeste até chegar em São Paulo.

Eles param primeiro em Pernambuco. Pensam que meu bisavô, muito doente de cólera, está morto e o jogam do navio, perto de Recife.

Ele então é salvo por um grupo de pescadores. Seu nome é Antonio Mignoni. Judeu, fugindo da Europa. Mas aqui não entendem muito bem o sobrenome e colocam Minimo! Então o nome dele ficou Otonho Minino.

Ele se estabelece em Pernambuco e descobre que as pessoas pegavam o gado magro no sertão e vinham com esse gado até o agreste para engordar o boi e vender. Naquela época não tinha caminhão, não tinha nada. Ele então compra uma terra na metade desse caminho em Caruaru para servir de entreposto pro gado e se dá muito bem.

Ele chega a ter também uma cerâmica e constrói uma linha de trem só para transportar tijolo. Fica muito rico. Ele chega a ter até uma estação de tratamento de água e já naquela época vendia água encanada.

Minha avó materna é filha desse italiano. Essa é minha herança italiana. Eu nasci em Gravatá. Meu pai foi funcionário do banco do estado de Pernambuco e moramos em catorze cidades... Eu morei em Limoeiro, Nazaré da Mata, convivi com os Maracatus Rurais. Morei também em Brejo da Madre de Deus.

Eu nem sabia o quanto tudo isso estava dentro de mim. A gente não sabe. Raiz é uma coisa que nutre por dentro, mas a gente não se dá conta. Acho que a árvore também não se dá conta de quão profunda é a raiz dela, de como aquilo é importante. Aquela copa frondosa de um flamboyant não se dá conta de que a raiz entra metros e metros abaixo da terra.

Ver aqueles cantadores de pé de parede de Nazaré da Mata... Não tinha banco pra todo mundo. Chama "cantiga de pé de parede" porque a gente ficava encostado na parede. Quando eu ia para o Recife, via o povo passando e vendendo Cordel. O romance da donzela Teodora, O romance de João de Calais; as novelas eram os cordéis. Minha vó tinha uma coleção.

Um laboratório me chamou pra falar sobre o lançamento de um medicamento e eu o fiz em forma um cordel.

linfoma é uma doença
penosa de se tratar
sorrateira essa danada
não se pode ignorar
se o cabra descobrir logo
tem chance de se curar.

Eu escrevi a saga do caroço, que é a saga de Raimundo Nonato. Quando eu uso essa linguagem, fico muito próxima de todo mundo. A rima é universal. Essa métrica poética do cordel é muito próxima do ser humano. Isso também vem da musicalidade.

Já que existe no Sul esse conceito
Que o Nordeste é ruim, seco e ingrato
Já que existe a separação de fato
É preciso torná-la de direito
Quando um dia qualquer isso for feito
Todos dois vão lucrar imensamente
Começando uma vida diferente
De que a gente até hoje tem vivido

*Imagina o Brasil ser dividido
E o Nordeste ficar independente.*

Essa é do meu amigo Bráulio Tavares.

*Essa é a métrica do cordel.
A linguagem é muito próxima da gente.*

Em qual momento da sua vida você teve que escolher entre a arte e a medicina?

Eu queria ser cantora e continuo querendo. Sabia que não era uma boa cantora. Fui a primeira pessoa da minha família a ter curso superior. Ninguém tem. Eu abri essa vereda na família. Meu destino mesmo era casar, ser professora, terminar o curso normal que se chamava magistério e ficar em Pernambuco.

Quando terminei a oitava série do primeiro grau, falei com meu pai que ia para o Recife fazer o segundo grau, e ele não deixou. Ele era gerente de banco, tinha condição financeira, mas não deixou. Minha avó morava lá. Mas ele achava que moça que ia para o Recife ficava "perdida".

Então eu pensei: "Vou ficar aqui, mas vou ficar tocando violão e fumando maconha." Naquela época eu não sabia direito nem o que era maconha, mas sabia que fumar maconha era uma grande revolução. Porém, descobri que seria um mal negócio pra mim. Porque tudo que eu queria era sair do interior de Pernambuco, mas desse jeito eu nunca sairia. Eu queria ganhar o mundo.

Então decidi estudar sozinha. Peguei os livros da minha prima que fazia cursinho em Recife, estudei muito, fiz vestibular pra medicina e passei. Escolhi a medicina porque achava que seria uma forma interessante de voltar para o interior e fazer uma revolução. Queria fazer a diferença na vida de muita gente. E sendo médica, poderia alcançar muito mais gente do que sendo cantora.

Fui pra faculdade em Recife, mas nunca me afastei da arte e principalmente da cultura popular. Fui para o Rio de Janeiro terminar a minha formação. E tive um divisor de águas na minha vida quando decidi voltar para o Nordeste. Naquela época, tudo acontecia realmente só no eixo Rio-São Paulo. Eu fui passar um fim de ano no Ceará, em Canoa Quebrada, e recebi uma proposta de trabalho que bateu fundo em mim. Voltar para um lugar muito mais desafiador do que Pernambuco, trabalhar com a formação de jovens...

Quando cheguei aqui no Ceará existiam seis hematologistas em todo o estado. Hoje, com vinte anos coordenando essa disciplina, eu inspirei muita gente; existem cinquenta e dois hematologistas. Modéstia à parte, muitos deles dizem isso.

E tem muita gente brava porque eu criei uma concorrência enorme abrindo o mercado. Mas eu acho que é isso que a gente faz na vida, né? Abrir as trincheiras. Eu acho que o artista, o médico, independentemente de ser homem ou mulher, quando tem o que dizer encontra seu espaço.

Eu queria um jeito de juntar "pé com ponta".

Existia o universo da medicina e da hematologia, eu era artista, uma pessoa simples, cordelista. E, apesar de acreditar na hematologia, eu também acredito nos chás, nos pajés, nas rezadeiras.

Eu também tive um câncer raro, um sarcoma de parede de vaso que não tem cura. Já fiz duas cirurgias nas costas. Foi durante essa doença que resolvi integrar tudo isso. Não posso fugir de todas essas coisas em que eu acredito.

Medicina, cordel e cantoria são remédios que vieram pra curar.

A medicina integrativa reúne arte, poesia e ciência. Não precisa ser dividida. Não existe nenhuma dimensão que seja grande o suficiente para o humano. O humano abarca tudo.

É difícil professar isso. Todo mundo espera que uma médica use um determinado tipo de roupa, que fale um determinado tipo de linguagem. Eu uso colete de cordelista e alpercata de Espedito Seleiro. [Essa sandália é famosa por ter o solado quadrado. Foi desenhada sob encomenda para Lampião, o rei do cangaço. As pegadas não deixavam claro se o bando estava indo ou voltando.]

Eu carrego o sertão comigo. Mas demorei um tempo pra incorporar e assumir tudo isso. Existe um receio do julgamento do outro, do olhar do outro, um receio de perder tudo que foi conquistado.

E isso ressoa fundo na vida e no coração das pessoas. Não é no coração de todo mundo, mas no de alguns. E é nessas pessoas que eu tenho interesse; é pra elas que eu quero falar.

Isso é o que transformou a minha vida. Essa é a minha riqueza. Quando o Dalai Lama esteve no Brasil, eu tive a honra de participar de um evento com ele, em São Paulo, representando a Universidade Federal do Ceará.

Tinha muita gente lá. Cada um tinha direito a uma pergunta. Quando chegou minha vez, eu perguntei o seguinte: "No budismo todo mundo fala do mérito, mas por que eu, que sou médica, trato de gente com câncer, sou professora, por que eu não tenho o mérito de ganhar dinheiro? Que mérito é esse que eu continuo pobre, sem dinheiro?" Ele deu boas risadas. Ele adora rir. Riu demais. Mas naquele momento, ele fez um milagre na minha vida. Nem se eu fizer prostrações para ele pelo resto das minhas outras existências conseguirei pagar.

Ele me disse que as pessoas sempre falam de saúde e educação como algo muito importante pra elas, mas que isso não é verdade. Porque se fosse assim, eu viveria cercada de paparazzi, não poderia ir pra lugar nenhum, seria mais famosa que a Angelina Jolie, e ele não estava vendo ninguém a minha volta. Nenhum paparazzi, nada. Ele então olhou bem no fundo dos meus olhos e disse assim:

— Quer dizer que você é médica?
— Sim.
— E também é professora?
— Sim.
— E ainda queria receber mais alguma coisa por isso?

Ou seja, o meu grande mérito é ter conseguido chegar a esse ponto. Toda a minha ansiedade relacionada ao dinheiro, ao sucesso financeiro, mudou. Tenho colegas médicos que ganham até trinta vezes mais do que eu. Entendi que meu merecimento é inimaginável. Quem é realmente rico?

Rico é quem encontrou seu propósito na vida. Esse é um diamante inquebrável, incomensurável. É a verdade que ninguém destrói na gente. Como cantava Tom Jobim: "Como um brilhante que partindo a luz explode em sete cores."

Esse tesouro do propósito está dentro da gente, ninguém pode tirar. Poucas pessoas conseguem encontrar isso na vida. E eu encontrei essa fortuna. Por isso hoje eu sei que sou milionária.

Eu acredito nas práticas da medicina integrativa. O foco é o ser humano.

O tratamento do câncer é muito complexo. Veja o caso de uma paciente minha de trinta e quatro anos que foi pra São Paulo fazer um doutorado com o marido, que é médico. Ambos são muito bem-sucedidos na carreira, e quando ela decidiu engravidar descobriu um câncer de mama. Ela fez mastectomia, ficou sem a mama direita, na quimioterapia, ficou careca. O marido dela, cirurgião plástico que tinha sido meu aluno, me disse, chorando: "Professora, eu amo essa mulher. No entanto, quando eu a vejo careca, sem uma das mamas, não consigo me sentir atraído, não tem jeito."

E essa mulher depois de terminar o ciclo da quimioterapia, com trinta e cinco anos, ainda vai ter que tomar hormônio por mais cinco anos, vai ter uma menopausa precoce, queda de libido, não vai poder engravidar, chega aos quarenta anos de idade com toda essa transformação.

Tem muita coisa envolvida, além da doença: a expectativa dela de ser mãe, a expectativa do marido de ser pai, da sogra, que queria um neto e só tem um filho.

Quando indica um protocolo de tratamento, o médico não dá conta de todo esse contexto. O médico não dá conta de toda essa narrativa de vida, de todas essas histórias que vêm com o paciente. Tem que existir uma medicina que integre tudo isso.

Não é a função dele, mas ele não pode desautorizar todos os outros profissionais que entram nessa estrutura. Quem aplica reiki, por exemplo. O reiki não vai atrapalhar nada, a pessoa vai se sentir confortável. É energia do outro que chega para contribuir. Reiki não cura câncer de ninguém. Mas a proximidade de outro ser humano, essa acolhida, melhora o paciente.

Como falar de um jeito simples sobre um câncer tão complicado quanto o linfoma?

A cultura popular é cheia de repertório... Vou fazer uma história de teatro de boneco de mamulengo para andar pelas cidades do interior. A gente vai fazer aquelas presepadas... Um cara com um caroço não quer fazer a biopsia, aí a mulher dele chega com um cabo de vassoura e bate na cabeça dele: "Vai fazer, sim, senhor!" E ele corre da mulher com medo da biópsia!

Com essa brincadeira, o recado mais importante é fazer com que as pessoas não tenham medo. O câncer ainda é aquela doença que a gente evita mencionar porque dá azar. A doença que a gente não quer pra família porque ninguém escapa.

Existe muito isso no sertão. A mística da doença. É preciso ter elementos para dialogar, pra tirar essas travas. E a cultura é o maior elemento. Tem que ter muita cantoria, tem que aprender a comer avoante [tipo de pomba silvestre], comer bode, buchada e sarrabulho, tem que saber conversar...

O tratamento muitas vezes é caro...

Tem muita solidariedade. O pessoal vende as vaquinhas, arrecada dinheiro com os vizinhos... Eu consigo muita coisa com meus ex-alunos que são donos de laboratórios de patologia. Eu digo que sou dona do maior convênio que existe aqui no Ceará: a Uniped! Unidos pediremos sempre!

São vinte e cinco anos dando aula. A cada semestre passam por mim cerca de oitenta alunos em uma faculdade e mais oitenta em outra. São cento e sessenta por semestre, trezentos e vinte alunos por ano. Multiplique isso por vinte e cinco anos! Quando esses futuros médicos passam por minha aula, eu faço uma catequização. Olhem bem, quando lá na frente vocês receberem meu bilhetinho, lembrem-se da velha professora de vocês. Geriatria, endoscopia, colonoscopia. Antes de ficarem famosos e ganhar dinheiro, quando estão no interior passando sufoco, muitos me ligam pedindo ajuda. É uma troca. É uma grande rede de solidariedade.

Com um ex-aluno, uso um código: eu mando o pedido de exame com um bilhete dizendo "corvo preto", aí ele já sabe que o paciente não pode pagar. Ele gosta muito do escritor Edgar Allan Poe, que tem um poema chamado "O corvo". Por isso a brincadeira. Corvo preto! Mas será que existe um corvo que não seja preto?

É interessante perceber que por trás de toda atividade existem pessoas.

Nesta pandemia, a gente teve uma prova disso: como foram essenciais as atividades do entregador, das pessoas da limpeza, de quem fazia a coleta do lixo hospitalar, das cozinheiras do hospital... não é à toa que eles foram muito contaminados. Gente que estava na linha de frente.

Quando um estudante de medicina me acompanha em uma viagem como essa que eu fiz de três mil quilômetros pelo sertão, ele entende por que deve desmarcar um ambulatório se não for de extrema necessidade.

Às vezes o paciente anda oitocentos quilômetros para fazer uma consulta, uma quimioterapia. Uma viagem daquela custa uns duzentos reais, que é mais de um terço do dinheiro que ele tem pra comer, pra sustentar a família. Muita gente não se dá conta disso.

Eu falo pra eles sobre o significado da palavra bálsamo, uma planta aromática que pode ser usada em vá-

rios procedimentos. Mas a palavra bálsamo também significa consolo, conforto. Uma cerveja gelada pode ser um bálsamo em um dia quente de verão. Não tem nenhum bálsamo melhor para um paciente do que um médico ao lado dele.

Se você está no exterior fazendo um doutorado, ou um curso qualquer, e sua mãe, aqui em Fortaleza, está muito velhinha e prestes a partir, você ia preferir que ela morresse em casa, sozinha, ou em casa, mas com um médico, colega seu, do lado dela? Os desfechos são iguais, o médico não pode impedir que sua mãe morra. Mas pra quem fica e pra quem está partindo, saber que pode contar com os cuidados e o amparo de um profissional faz toda a diferença.

Se eu puder escolher, prefiro morrer com um médico amigo do meu lado. E eu tenho certeza de que qualquer pessoa prefere isso para a própria mãe também.

Eu tento estar ao lado dos meus pacientes nesses desfechos. Digo: podem me chamar a qualquer hora do dia ou da noite. Eu vou. Vou fazer a função do barqueiro que faz essa passagem.

Rir de você mesmo

Morei cinco anos no Nordeste. O suficiente pra dizer que, além de mineiro, também tenho DNA pernambucano. Sou encantando pela riqueza de vocabulário, pela irreverência e pelo bom humor dessa terra. A vida não é fácil, o clima não alivia, a geografia nem sempre ajuda, mas existe cor, música, poesia e rima.

Quando conheci a Dra. Paola, durante um evento que discutia novas formas de tratamento e prevenção do câncer, ouvi entusiasmado seu relato de uma viagem de três mil quilômetros pelo interior do Ceará; a cada frase um sorriso, a todo momento a lembrança de uma música, de um verso... a todo tempo tem sol quando ela fala.

É assim que ela gira a roda da vida.

Nesse aprendizado sobre rir da gente mesmo, achei que sua história é um ótimo exemplo. Com tudo que é difícil, com tudo que falta, com as condições precárias para um atendimento básico de saúde, existe um remédio precioso: a informação.

E para distribuir esse remédio é preciso alegria, riso, entusiasmo com a vida. Olhando pra Dra. Paola eu enxergo tudo isso.

"Andei por aí.
Mas voltei pro meu lugar.
Andei por aí,
Mas não me achei,
Pois meu coração tava lá...

Só permita Deus que eu viva
Pra entoar essa ciranda,
Pegar tua mão na roda
Girar mundo nessa dança...

Só permita Deus que o mundo
Gire azul lento e formoso,
Que o dia suceda a noite
E que seja glorioso...
Só permita Deus que eu viva
Vida longa e muito boa,
Que eu parta bem de mansinho,
Feito arribaçã que voa."

(Paola Tôrres)

Capítulo Sete

Seja resiliente

Todo acolhimento é bem-vindo: Sheila Nunes

No pequeno espaço de um elevador, no período das viagens de subida e descida, ela consegue tornar mais positiva a vida de quem está ao seu lado.

Sheila tem quarenta e cinco anos. É ascensorista em um prédio de vinte e oito andares onde acontecem cerca de duzentas e vinte mil consultas por ano.

O edifício fica em um dos pontos mais altos da cidade de São Paulo. A construção imponente, que pode ser vista de muito longe, é um dos maiores centros oncológicos da América Latina. Sheila trabalha em um dos seis elevadores do Instituto do Câncer do Estado de São Paulo.

Seus passageiros de breves viagens são pacientes em diversas fases de diferentes tipos de tratamento para o câncer e seus respectivos familiares. Sheila faz mais do que transportar essas pessoas de um andar para o outro; ela tem sempre um sorriso aberto, uma saudação carinhosa e algum comentário positivo sobre qualquer coisa que seja. É a clássica conversa de elevador, sim. Mas um detalhe muda tudo: a razão de estarem ali. Podem carregar o peso de um diagnóstico, os primeiros passos de uma batalha, o medo, a falta de esperança. Nessa hora, todo acolhimento é bem-vindo. Toda palavra conta, sílaba por sílaba. Sheila sabe disso e vai além. Nenhum gesto é sem verdade, nenhuma palavra e nenhum sorriso estão fora de contexto.

A forma com que ela se relaciona todo dia com seus passageiros viralizou nas redes sociais depois que um paciente gravou apenas alguns minutos de seu trabalho. Foi o suficiente para mostrar como ela impactava a vida de centenas de pessoas. A moça apareceu na televisão, no rádio, no jornal e na revista, e também muitas vezes na internet — vale a pena procurar no Google: "moça do elevador do ICESP".

Quando fui conversar com ela, percebi que Sheila se assusta com a longevidade de seus quinze minutos de fama, e a todo tempo repete que trata as pessoas do jeito que gostaria de ser tratada, com atenção e delicadeza, amor e gentileza, e acha que tudo é muito simples. Na sua trajetória de vida, esses ingredientes sempre fizeram muita falta.

Aos dez anos de idade perdeu o pai.

Uma briga de bar, eu lembro até hoje. Ele bebia muito. Era pedreiro. E se envolveu em uma briga. Ele bebia muito. Minha mãe saía para trabalhar, sempre trabalhou, e ele ficava em casa. E um dia, uns amigos vieram chamar o meu tio, e meu pai não gostava dessas pessoas porque elas usavam droga. Meu pai falou:

— Não quero vocês aqui na minha casa.

E começaram a discutir com meu pai na frente de casa, dizendo:

— Não sobe lá em cima, não, se subir lá, você vai morrer.

Ele entrou em casa, estava bêbado, cinco da tarde, sentou no sofá, chamou a gente assim, parece que foi despedida, lembro como se fosse agora. Perguntou se a gente gostava dele.

— Sim, a gente gosta, pai, a gente ama...

Aí ele cochilou. Quando acordou, saiu. Depois, de repente, no escurecer, vieram falar que ele tinha morrido, que tinham matado. Na verdade, ele foi pro bar e não achou o cara. Pediu uma pinga. Na hora que foi beber a pinga, o cara chegou e deu uma facada. Facada fatal. Fatal. Ele morreu lá, caiu lá. Era alcoólatra, tinha problema nos rins, bebida, né?

A mãe de Sheila se casou de novo, e a rotina de violência doméstica do primeiro casamento se repetiu.

Minha mãe casou de novo automaticamente. E ele batia nela. Começou a bater nela igual meu pai batia. Por que hoje eu estou sozinha? É por isso. Parece que é um carma. Ela arrumou outro marido que repetia a mesma coisa. Por que minha mãe está sozinha até hoje? Ela apanhava. É isso.

E teve uma época em que a gente estava começando a crescer, doze pra treze anos, minhas primas trabalhavam aqui em São Paulo. Aí eu peguei e vim [do interior de Minas] pra cá. Vim com uma sacola de supermercado com minhas roupas. A sacola rasgou.

Ela arrumou emprego de babá. Ainda era uma adolescente quando a vida mudou de novo.

No prédio que eu trabalhava, do lado, tinha outro prédio em construção. Eu conheci a pessoa que trabalhava lá, que era o encarregado. Perdi minha virgindade e engravidei do Léo. E só fui descobrir que estava grávida com cinco meses. Porque fazia pouco tempo que minha menstruação tinha vindo. Foi lá na roça. No começo, a menstruação das menininhas vem um mês, depois falta um mês. E quando eu fiquei grávida, quando me perdi e me achei aqui em São Paulo, eu pensava que a menstruação vinha depois. Depois de semanas. E aquele moço ficava mexendo comigo. Ele já era casado, mas eu não sabia. Era quinze anos mais velho que eu. Falei pra ele:
— Estou grávida.
E ele falou:
— E eu sou casado.
Veio tudo junto.
E ele falou:
— Eu não vou ser um pai presente.
E não foi mesmo.

Sheila teve o Leandro, se mudou para o Espírito Santo, começou a trabalhar em uma lanchonete, se apaixonou mais uma vez e mais uma vez teve que se reinventar. Esse homem também era agressivo.

Eu já tentei de todas as formas ser feliz. Mas tem um jeito da vida... Eu via minha mãe apanhando (naquela época) e apanhava também. E não dava pra largar, porque nesse espaço de tempo eu engravidei da Laís. E aí eu vivi ali até ela fazer um ano e cinco meses. Só depois eu fui pra Belo Horizonte. Deixei tudo e fui embora. Eu sinto que não vim nesse mundo pra apanhar de homem nenhum.
Mas apanhei muito tempo. Na gravidez ele jogava café quente em mim. Eu trabalhava o dia inteiro, e ele era muito ciumento, um ciúme doentio. Às vezes vinha a polícia e, mesmo algemado, ele ficava chutando a viatura. Ele ficava muito doido quando usava droga.

Por que durou tanto?

Eu achava que ele ia melhorar. Só que estava ficando cada dia mais agressivo, mais violento. Eu chegava do serviço e apanhava. Eu queria ter uma família, mas não teve jeito. Eu deixei a minha casa, que eu comprei com tanto esforço, e fui embora.
Ia levar a Laís que tinha um ano e quatro meses. O Leandro ia ficar com a minha mãe. Já estava tudo arrumado.
E eu toda machucada... Tenho até hoje a cicatriz.

E aí, na hora de sair, ele passou na rua, achou que eu não teria coragem de ir embora. Ele pegou a Laís no colo e falou:
— Ela não vai.
Eu tinha que tomar uma decisão.
— Ela vai, sim!
— Não vai, não.
— Então você fica com ela.

Fui embora. Voltei pra Minas Gerais.
Deixei minha filha pra trás.

Se eu ficasse, ia continuar acontecendo tudo aquilo.
E não vim ao mundo pra apanhar de ninguém. Eu já tinha visto isso uma vida inteira.
Cheguei em Belo Horizonte e comecei a trabalhar de doméstica e faxineira em um condomínio. Alguns meses depois, eu voltei pra buscar o Leandro e a Laís.
Eu tive que simular que ia voltar pra ele, pra ele deixar eu levar minha filha.
— Depois você vai, vou te dar o endereço.
E aí ele deixou.
Essa menina... quando ela me viu, ela chorava, ela queria me bater e voltou a mamar. E mamou até os dois anos. Ficou de janeiro a maio sem mamar e depois voltou.

Cinco anos depois, Sheila foi para Guarulhos, na região metropolitana de São Paulo, dessa vez com os dois filhos. Em pouco mais de três décadas de vida era a quinta mudança de cidade. Mais uma esperança imensa de que tudo se ajustaria e a vida começaria a melhorar.

Aqui em São Paulo eu comecei a trabalhar com uma advogada que tinha um buffet. Comecei a gostar de lidar com o público. Cada festa era um público diferente, eu servia a bebida, a comida. Eu servia simpatia. Ela também fazia festa em outros lugares.

Eu comecei a separar os talheres, as toalhas, fazia a decoração e esperava a chegada dos convidados. Isso me dava prazer. As pessoas agradeciam, e eu pensava: "Então tá bom, tá certo o caminho." Quanto mais você sorri... né?

Algum tempo depois a advogada teve que fechar o buffet, e a Sheila passou a trabalhar na casa dela. Uma convivência de quase nove anos que teve impacto direto nas oportunidades que a vida apresentou. Ela retomou os estudos no programa de educação para jovens e adultos, o EJA. Saía todos os dias mais cedo do trabalho e ia pra escola. Foi a percepção de um mundo novo.

Estudar me abriu portas. E o que eu percebi é que todo mundo tem problemas. Alguns são mais fáceis que outros. Pra mim não foi nada fácil. Mas eu tive que seguir meu caminho.

Sheila concluiu o segundo grau e pela primeira vez na vida imaginou que poderia ter um emprego que não fosse relacionado à faxina ou a trabalho doméstico. Com muito entusiasmo, se inscreveu para uma vaga de atendente de telemarketing. Não foi uma jornada simples.

> *... eu fiz duas vezes o treinamento pra entrar, quinze dias de treinamento.*
> *Não passei. Fiz de novo, não passei. Não fui bem em nada.*
> *Me chamaram e falaram que eu devia ter dislexia. E aí veio tudo, porque eu não consigo entender o que eu leio, porque eu fico nervosa, porque... um tanto de coisa, ansiedade.*
> *Eu nunca tive um dez na escola. Eu passava com cinco e meio.*
> *Então veio tudo isso à tona. Eu não conseguia passar a informação correta. Fui embora de lá. E ia voltar a trabalhar como faxineira. Era o que eu sabia fazer.*

Apesar de toda a decepção, o talento e as qualidades da Sheila estavam muito perto de se encontrar com as necessidades do mundo, mas não seria um encontro óbvio. No início seria apenas mais uma das muitas tentativas de conseguir um emprego.

> *... A mãe de uma amiga minha estava fazendo tratamento de câncer no ICESP, e essa amiga começou a se enturmar com os funcionários. Perguntou como fazia pra trabalhar lá.*
> *Ela acabou trabalhando três meses nos elevadores do hospital.*
> *E me falou pra fazer uma ficha lá. Eu disse:*
> *— Olha, não sei fazer essa função, mas se vocês me derem trinta dias e eu não aprender, vocês me dispensam.*

Fui chamada. Encarei o desafio e no primeiro mês eu recebi meu primeiro elogio. Me adaptei, me achei, me encontrei profissionalmente.

E não tinha que escrever nada. Eu tinha que auxiliar, orientar, direcionar.
É isso o que eu sei fazer: olhar, olho no olho.

É o que você sabe fazer, pode fazer ou gosta de fazer?

Amo fazer. É o que eu amo fazer.
Quantas vezes eu não precisei dormir em fila de posto de saúde? Ou chegar às quatro horas da manhã pra conseguir uma consulta? E lá eu via os funcionários que não ligavam pra nada. Em vez de atender a gente, o povo ficava conversando, vendo revistinha da Avon.
E a gente lá na fila, de madrugada. E se falar alguma coisa pro pessoal do atendimento é muito pior: quando chega na hora de marcar a consulta, eles só vão "achar uma data" pro ano que vem.
Quando eu comecei no elevador e pedi aqueles trinta dias para me adaptar ao trabalho, estava com muitas dúvidas. Não sabia como me dirigir às pessoas. Mas eu sabia falar "boa tarde" e era muito educada com todo mundo.
A única coisa que eles me ensinaram antes de começar foi sobre os andares do bloco cirúrgico, onde o acesso era restrito e só os médicos podiam descer. Essa foi a única informação que me passaram. Os andares em que os pacientes não podiam descer.

O resto era comigo. Bastava fazer o serviço da forma correta. E, principalmente, em silêncio.

Mas, vendo aquelas pessoas tão tristes entrando no elevador, eu comecei a me colocar no lugar de cada uma delas e me perguntava como eu gostaria de ser atendida.

Não era com respeito, carinho e atenção?

Então, foi assim que no primeiro mês eu ganhei um elogio. Passou um tempo, veio outro. A cada dez elogios feitos na ouvidoria, eu ganhava um cartão.

Eu tenho mais de quarenta cartões. Eu sou TOP da TOP da TOP. E isso foi crescendo. Os elogios foram só aumentando cada vez mais. Eu não tinha dúvida, era ali que eu tinha que estar. Eu tinha encontrado meu lugar no mundo.

Seria isso felicidade?

É você se sentir útil. Ver que as pessoas se sentem bem do seu lado. Eu já cheguei a ter depressão.

Podemos chamar isso de encontro? É isso que Sheila faz? Entrega o que o mundo precisa através de suas habilidades e seu trabalho diário?

Eu acho que sim.

O mundo precisa de cuidado, de carinho, de atenção. Hoje fica tudo muito robótico. Falta olho no olho.

Se você está no trem e encosta em alguém, a pessoa quer te matar.

Eu poderia ser uma mulher amarga. Eu tive muitos motivos e razões pra ser uma mulher amarga. Mas resolvi não fazer essa escolha.

E como aconteceu tudo isso?

Até então eu não tinha nenhuma noção desse meu jeito, desse meu talento. Pra mim isso sempre foi normal. Eu sou normal e esse é meu jeito. Eu fazia um atendimento legal. E pronto.
    Mas pra muita gente não é. Isso chama a atenção. Depois que um paciente publicou o vídeo nas redes sociais, há quatro anos, esse meu entendimento mudou.
    Ele me gravou trabalhando em um dia qualquer e jogou no Facebook.
    Eu vesti de verdade a camisa daquele lugar. Eu me desdobro pra fazer um atendimento legal.

Um brasileiro que mora nos Estados Unidos e dá palestras pra grandes lideranças viu o vídeo e colocou na palestra dele. Ele finaliza a palestra com meu vídeo. Viralizou. Ele fez questão de me conhecer, de saber mais da minha história e me chamou pra trabalhar com ele em Orlando, nos Estados Unidos. Eu não fui porque no hospital as pessoas precisam de mim. Minha função não é só apertar o botão, subir e descer.
    Não é só isso.
    Olhando nos olhos, você consegue entender se a pessoa está brava, se a pessoa está chateada, se está feliz. Todas as emoções.

Eu capto todas as emoções. Trabalhar com público não é fácil, trabalhar com gente? É muito difícil. Mas é ali, é com gente que eu encontrei meu dom.

Seu propósito?

Acho que sim. Quando um paciente me diz que meu sorriso é importante pra felicidade dele... Ou quando diz:
   — Quantas vezes eu já cheguei aqui triste e você me arrancou um sorriso?!
   — Estava com dor, e você me arrancou um sorriso.
   Eu acho que esse é meu propósito, sim.
   Eu não posso sair daqui. Tenho que ficar. Tenho que fazer isso aqui. Meu trabalho é esse.

Se fosse outra profissão, também seria assim?

De outro jeito.
   Eu fiz e faria, sim. Acredito muito que gentileza gera gentileza.
   Meu propósito é esse: transbordar amor, aconteça o que acontecer.
   Eu me sinto feliz porque eu sou útil pra alguém, quando também faço alguém feliz.
   E quando as pessoas se sentem bem ao meu lado. Faço meu serviço como se eu estivesse entrando pela primeira vez naquele elevador.

Seja resiliente

Capacidade de adaptação e principalmente de recuperação. O conceito define a vida da Sheila desde sempre.

Saiu de Minas para São Paulo, de São Paulo para o Espírito Santo. Depois de novo para Minas e depois outra vez para São Paulo. Em cada partida, em cada recomeço, uma esperança imensa de ser feliz. Nem tudo acontecia conforme os planos e muito menos conforme os sonhos dela.

Tal qual a água (um grande exemplo de resiliência), Sheila ia se moldando de acordo com as circunstâncias. Mas não de um jeito subserviente. Ela tinha um farol, tinha voz para dizer o que repetiu algumas vezes em nossa conversa: "Eu não vim nesse mundo pra apanhar." E assim ela foi preenchendo frestas, percorrendo caminhos, se adaptando, assim como a água faz em qualquer lugar, em qualquer terreno.

Quando alguém disse que ela tinha dislexia e jamais poderia trabalhar como atendente de telemarketing, ela teve confiança e se adaptou ao perfil de outro emprego que também lidava com o público.

Hoje ela mora na Zona Leste de São Paulo, na divisa com a cidade de Guarulhos. A região conhecida como Jardim Pantanal é uma antiga área de preservação ambiental que foi invadida. São milhares de famílias em nove bairros espalhados pela várzea da bacia do alto Tietê.

Várzea é a parte que fica inundada durante as cheias. É bom para a agricultura por causa da fertilidade do solo. Mas, em áreas urbanas e densamente habitadas, é um caos durante todo o período de chuvas.

Sheila já enfrentou enchentes que duraram três meses sem trégua. Algumas obras conseguiram atualmente minimizar o efeito das chuvas, mas durante muitos anos morar no Jardim Pantanal era conviver com a incerteza da permanência e ter sempre a expectativa da próxima enchente. Mesmo assim, é ali que ela vive os dias que considera os mais felizes de sua vida. Construiu uma casa longe das ruas que ficam alagadas, fez uma grande reforma e improvisou um salão de beleza na parte de baixo. O filho mais velho cuida do empreendimento e mora no imóvel. É casado e tem dois filhos. Ou seja, Sheila já é avó duas vezes. A filha mais nova mora em outro apartamento, que Sheila também conseguiu comprar.

A história poderia terminar por aqui. Mas a vida é impreterivelmente TODO DIA. E o exercício de resiliência é constante. Depois de nove anos nos elevadores do ICESP, ela recebeu a notícia de que a empresa terceirizada responsável pela sua contratação não renovaria contrato com o hospital. Mais uma mudança no caminho?

Que venha.

Conversei de novo com ela alguns meses depois do nosso primeiro encontro. Apesar do contrato encerrado, ela recebeu um convite da direção do hospital para continuar por lá. E, para melhorar, seria promovida!

Ela deixou seu elevador querido de sempre e foi para o departamento de hospitalidade do instituto. Cuida de quem chega, de quem vai para cirurgias, participa de vários eventos com o intuito de levantar a autoestima do paciente. O sorriso do elevador foi ampliado. A simpatia ganhou novos ares e muitos outros andares.

Mais gente agora poderia ver de perto como ela é especial.

Sheila estranhou alguns protocolos da nova função. Nesse mundo de muitos nomes modernos, ela descobriu que até pra ser atenciosa existem técnicas e regras, é o chamado procedimento operacional padrão. O p.o.p.

Foram algumas semanas de curso aprendendo a fazer o que ela fez a vida toda: praticar gentileza. Quando estava pronta para começar, veio a pandemia do novo coronavírus e todas as atividades sociais foram suspensas.

Até as internações diminuíram. Sheila passa o período de trabalho fechada em uma pequena sala, maior que seu antigo elevador, mas com muito menos movimento.

Ela conta as horas para tudo passar. Quer logo colocar em prática todos os procedimentos operacionais que aprendeu. Tem certeza de que vai conseguir.

Tem certeza de que vai ser feliz de novo.

Não dá pra duvidar.

"Jogaram uma pedra na tranquilidade do lago.
O lago comeu-a.
Sorriu ondulações.
E voltou a ficar tranquilo."

PROFESSOR HERMÓGENES

Capítulo Oito

Conheça suas emoções

O olhar pra dentro: Monja Coen

Antes de ser a Monja Coen ela era Cláudia Dias Batista de Souza. Casou-se por vontade própria aos quatorze anos, foi mãe aos dezessete, avó antes dos cinquenta e bisavó antes dos setenta.

De formas muito inusitadas ela conheceu suas emoções. Aprendeu a olhar para o seu silêncio e entendeu na prática que cada erro está mais próximo do acerto. Por isso é tão importante nunca desistir e sempre recomeçar.

Esses questionamentos, quem sou eu, o que sou eu, para que serve a minha vida... Eu acho que é muito bom perguntar. É por aí mesmo. Nós temos que nos perguntar, temos que nos questionar.

Eu acho que comecei a me questionar muito cedo. Minha mãe era uma poetisa, uma declamadora. E gostava

de poesias que fossem mais filosóficas. Então desde criança eu comecei a reproduzir esses questionamentos das poesias que ela declamava. Esses questionamentos vão me banhando desde muito jovem.
O que é Deus? O que estamos fazendo aqui? Para que serve essa vida? Por que eu nasci nessa época? Qual o sentido da existência?
E, nessa procura, vou caminhando, vou lendo, conversando com pessoas. Mas mesmo com tudo isso não chegava a nenhuma conclusão.

E muito cedo também vem a maternidade.

Sim. Foi uma bênção.
Quando engravidei, fiquei no céu. Eu tinha dezesseis anos, não podia estar mais feliz na minha vida. Ela nasceu um mês depois que eu fiz dezessete. E foi uma alegria, um contentamento, eu não queria fazer mais nada, só cuidar dela. Fiquei dois anos assim.
Mas voltei a estudar. Entrei na faculdade de Direito, achei uma chatice, larguei e fui trabalhar com jornalismo. Estudei em colégio católico e venho de uma família católica. Mas comecei a questionar Deus, comecei a questionar a igreja católica.
As pessoas falam uma coisa, mas fazem outra. É possível perceber isso pelo tratamento que dão aos familiares, aos funcionários da casa. Quando conhecemos pessoas de várias classes sociais, entendemos que somos todos humanos. Existe uma coisa comum em todos nós. Mas existem pessoas que não veem isso, né?

Na minha casa às vezes a sobremesa que vinha pra sala não era a sobremesa que ficava na cozinha, a carne que se comia na sala não era a mesma que se comia na cozinha. Eu falei: "Espera aí, isso não é Jesus. Isso não é o ensinamento que vocês estão pregando."

Como jornalista, fui trabalhar no Jornal da Tarde aqui em São Paulo, foi uma experiência riquíssima e muito intensa. Era o período do governo militar. Eu era repórter da geral e entrevistava pessoas de todas as áreas sociais e com dezenove anos de idade você quer mesmo mudar o mundo, não é?

Então era aquela ideia: o que eu preciso fazer pra mudar o mundo? Será que existe alguma alternativa entre tudo que estou vendo aqui e entre tudo para que não vejo solução?

Por acaso, me mandaram fazer uma reportagem sobre sociedades alternativas. Era uma matéria de arquivo, feita na redação mesmo. Uma pesquisa sobre o que existe no mundo como alternativa.

Vejo então que existiam os grupos Zen nos Estados Unidos fazendo plantações orgânicas, descobrindo uma outra maneira de lidar com a realidade. Achei muito interessante. Nunca tinha ouvido ninguém falar de Zen Budismo e me lembrei ao mesmo tempo dos monges vietnamitas que se queimavam em praça pública para protestar contra a violência.

Existiam três grandes revistas no Brasil naquela época: Manchete, Cruzeiro e Fatos & Fotos. A mesma capa em todas elas: um monge em chamas. Eu pensei: "Que *capacidade de controle é essa? Sentar e ficar quieto sem se mexer, sem correr, sem gritar, sem fazer nada, só queimando."*

Esse controle me interessava. A alternativa Zen nos Estados Unidos com a agricultura e a maneira de viver em comunidade... tudo aquilo começou a me interessar. Eu entendi que existiam alternativas interessantes para nossa sociedade e para o mundo, e isso começava a criar um propósito em mim.

Para que serve a minha vida? Como eu, jornalista, posso fazer com que o mundo seja mais harmonioso? Enfim eu começava a encontrar o caminho pro meu sonho de transformar o mundo.

E acabei nessa época buscando um processo de autoconhecimento, o LSD, e tudo isso na procura de Deus e de quem sou eu. Para entender o que é a mente. Um dia um amigo me deu um LSD ou Mescalina, não lembro, e falei: "Nossa, que coisa fascinante."

Comecei a perceber coisas que não percebia antes. Entendi que precisava ir atrás de respostas. E fui. Fui morar na Inglaterra, tomei muito LSD nessa época, e era sempre uma questão de o que é isso? O que é a mente? O que é Deus? Onde está? Como é que isso funciona?

Eu tinha um grupo de amigos ingleses que fazia experiências: um saía de casa e os outros ficavam tentando uma comunicação telepática. Eram loucuras assim nesse estilo, mas passou. Passou, mas alguma coisa ficou sobre algo muito interessante que existe na mente humana e sobre o que vale a pena pesquisar. Vale a pena entender.

Foi nesse período que a senhora foi para Estocolmo, na Suécia, para entender por que o índice de suicídio por lá era tão alto? Era também um projeto de "salvar o mundo"?

Isso mesmo. Eu achava que tinha que salvar o mundo. Tanta gente se suicidando por lá, eu pensei que se eles descobrissem que a vida era uma coisa tão extraordinária, maravilhosa, que tudo isso é luz e que nós podemos viver em plenitude, ninguém mais ia querer se suicidar. Eu tinha essa fantasia!

E fui mesmo parar em Estocolmo. E aí teve várias causas e condições. Eu estava com um amigo que queria levar LSD pra Suécia. Nós fomos presos. Foi bem interessante. Tive cinco meses e vinte dias pra refletir sobre o que estava acontecendo.

Eu acho que isso foi muito importante. Essa pausa foi muito importante. Em vez de me tornar uma traficante de drogas, a vida me parou e disse: "Para, fica aí e olha." E eu tive cinco meses e vinte dias de meditação em uma cadeia que é de grande capacidade de treinamento de pessoas, de reeducação de pessoas, com celas muito limpas, individuais. Foi uma bênção na verdade, né? Pensar que eu tinha saído de uma loucura lisérgica para entrar em uma reflexão profunda; o que é que estou fazendo?

Eu comecei a meditar de uma forma muito pessoal sem nada que me orientasse. Tinham me dito que eu podia fazer o Om. Que o Om era o som do universo. Eu acordava antes das seis da manhã, ficava sentadinha lá na minha cama mesmo e fazia omm... e aquilo fazia tão bem... Era tão gostoso...

E eu tinha muita música, né? Entrei muito no Pink Floyd, The Who, Yes, que são líricos, têm poesia. E nessa linha de pensamento é que eu comecei a mergulhar mais. Então o questionamento sobre a existência: O que é que estamos fazendo aqui? O que é dinheiro? O que é trabalho? O que é o outro lado da lua, o lado escuro da lua? São reflexões filosóficas. De uma riqueza incrível.

Eu comecei a ler muito cedo. Lia tudo que tinha em casa; Machado de Assis, Eça de Queiroz, os mais fascinantes na época, e a partir disso comecei a procurar. Mais adiante, fui ler Nietzsche, que achei bem interessante, fui ler Bhagavad Gita. E assim a prática da meditação entrou na minha vida. As pessoas começaram a me dar livro sobre meditação, e eu passei a ler mais e a praticar. E então foi um pulo.

Acabei indo morar nos Estados Unidos, na Califórnia, arrumei um emprego no Banco do Brasil de secretária, atendente de telefone, encontrei o self realization fellowship, que é o do Paramahansa Yogananda yogi, um grupo de meditação e ioga, e fiquei um tempo... E aí me caiu nas mãos um livro de uma repórter que entrevistava várias pessoas sobre a onda mental alfa.

O que significa onda alfa? E como ela pode ser acessada? Acontece quando um jogador de futebol tem a percepção clara de que vai fazer o gol; quando o goleiro pega essa bola quase impossível; é a bailarina que, dançando, se torna a própria dança, deixa de ser ela mesma; o pia-

nista que é a música e o piano ao mesmo tempo. Isso tudo é a onda alfa mental.

Quando meditava em casa, eu me perguntava: será que estou em alfa? Esse livro entrevistava um monge e várias clínicas psicológicas onde se colocava eletrodos para induzir o estado alfa. A repórter perguntava para o monge zen se ele precisava mesmo ficar meditando horas nessa coisa cansativa.

— Não é melhor ir a uma clínica e colocar os eletrodos?

E então o monge diz a frase que pra mim é sagrada:

— Por que entrar pela janela? Se a ciência diz que é possível, então é. Mas por que entrar pela janela?

Eu pensei: "Eu quero a porta. Eu não quero depender de drogas, eu não quero depender de eletrodos, de nada que esteja fora de mim." Se existe uma possibilidade de entrar comigo mesma, eu quero isso. E aí fui procurar na lista telefônica, tinha a Zen Center de Los Angeles, eu fui pra lá e falei: "É isso."

No primeiro dia vi que aquilo dava sentido para minha existência.

Em algum momento os Beatles também fizeram muito sentido na sua vida, não é?

O que sempre me impressionou é a capacidade de comunicação em massa. Como eles se comunicam! Como aqueles carinhas falam e todos nós ficamos comovidos? Que capacidade é essa de capturar o essencial do ser humano? As músicas são clássicas por causa disso. Até hoje são im-

pactantes. *Eles também passaram por um processo com as drogas e depois com a meditação. Eu tive um caminho semelhante a esse e quando encontrei a meditação, falei: "Não precisa de nada! Só oxigênio." Você se senta, oxigena o corpo, o cérebro e tem experiências maravilhosas. Que não são experiências de fora do corpo, pelo contrário, são de uma presença pura. E de uma percepção de que tudo que havia acontecido na minha vida fazia parte dessa trajetória. É como se fosse uma tapeçaria. E se houve um momento em que eu não sabia que estava tecendo, agora eu podia escolher as linhas. A minha vida foi sendo tecida; o emprego que eu tinha, as coisas que eu fazia, os casamentos, etc. E de repente eu afirmei: "Eu posso tecer."*

Se eu tive alguns momentos de tessitura, se eu teci um pouco antes, chegou uma hora em que você fala: eu posso tecer.

E foi então que eu decidi: o que eu queria era ficar ali. Queria me tornar monja.

E meu professor disse:

— Imagina, você veio de uma família cristã, nem sabe o que é budismo.

Eu respondi:

— Eu aprendo. Pode deixar que eu aprendo.

Temos determinadas qualidades e talentos que precisamos desenvolver. Algumas pessoas desenvolvem e outras não. As que não desenvolvem ficam tristes, porque acabam fazendo coisas com as quais não sentem muito prazer. A gente tem que fazer aquilo que é prazeroso, que é gostoso. Eu gosto muito de falar sobre os ensinamentos de Buda porque foram a minha transformação, mexeram comigo. Eles me fizeram aquilo que eu já tinha percebido e procurava e perseguia. Eu encontrei uma afinidade muito grande nessa linguagem. Aquilo fez sentido pra mim.

Hoje existe um outro olhar para o cristianismo, que é diferente do olhar da minha infância e da minha criação, é tudo muito diferente.

Eu já estava cansada de uma linguagem que foi desgastada pela experiência de vida não só dentro dos colégios de freira, como dentro de uma família que se dizia muito católica, muito religiosa, mas que deixava transparecer para mim certa incoerência entre o discurso e a prática. Minha mãe sempre falava: "Minha filha, se você quer se tornar religiosa, por que não vira freira?" E convencer minha mãe foi bem interessante.

Buda dizia: "Você só pode se tornar religioso se seus pais concordarem. Vivos ou mortos." Porque eles estão muito dentro de nós. E as provocações que minha mãe me fez foram muito boas porque fortificaram a minha decisão. E é uma coisa que eu digo para os jovens: não fique bravo com seus pais que vão questionar você. Eles vão questionar até você ter certeza. E se você não tiver certeza, é melhor não fazer. Se não tem certeza, pare. Espere.

Pais e mães saudáveis (não psicopatas) questionam porque querem o bem dos filhos. Querem que seus filhos fiquem em pé sozinhos. Que encontrem o seu talento e o prazer na existência.

Eu chamo isso de presença pura. Quando se está absolutamente no presente, não falta nada. Mas geralmente *nós estamos no presente pensando no que foi e no que vai ser. E não apreciamos o instante. Pode ser de dor, de sofrimento, de alegria, de doença, de cura e de remédio, tanto faz. Mas é preciso estar inteiro naquilo que está acontecendo. Isso é a coisa mais importante que existe.*

Eu tive uma experiência bonita com meu professor lá no Japão. Nos deixaram no aeroporto, e eu fiquei com ele no hall do aeroporto de Sapporo, em Hokkaido, enquanto outro monge foi parar o carro e pegar as malas. E estávamos apenas presentes.

Ele me ensinou uma coisa com a presença pura dele: não estava aflito, não olhava pra porta, relógio, nada. Era um ser humano presente. Ele via o que passava, tinha prazer em ver o que estava ali, não oferecia rejeição, não oferecia julgamento. Não era bonito ou feio. Não era gostar ou não gostar, os olhos veem, os ouvidos escutam, e isso é presença. É perceber o que está acontecendo. Não estou separando; não estou nem falando "que bonito!". Não é nem bonito nem feio; é.

A cerimônia do chá também é um exercício de percepção.

Foi uma das coisas que eu mais apreciei fazer no mosteiro. Era muito bom porque não tinha palavras e eu ainda não sabia falar japonês, entendia pouquíssimo.

A sala de chá era meu oásis. É uma sala de silêncio onde quem chega primeiro vai ter a prioridade do assento, não tem as regalias dos valores mundanos: a pessoa que tem o maior poder político, econômico ou social não vai se sentar no melhor lugar; não há venda de ingressos com antecedência, quem chega primeiro pode ficar no lugar mais nobre da sala; tem um momento de comunhão em que todos bebem da mesma xícara; tem coisas muito bonitas.

O som da água fervendo tem que ser o som do vento nos pinheirais. Todos os sentidos estão em alerta. Isso é presença. É só isso. É só presença. Dá pra sentir a fragrância do chá e a única conversa que se tem é: "De onde veio esse chá?" e acabou.

Depois as pessoas comentam da colherzinha de bambu que às vezes é feita pela própria pessoa que convidou para a cerimônia. Tem uma apreciação daquilo que está acontecendo. Não tem conversas sobre o que foi, nem sobre o que será.

Essa tradição da cerimônia do chá começou com os monges na China fazendo oferta para Buda no altar. E eles descobriram que o chá tinha efeitos muito bons como remédio, como refresco, como estimulante, e os nobres começam a fazer disso uma cerimônia pra ver se os visitantes conseguem descobrir de onde é o chá pela sua fragrância e seu sabor. Era uma arte masculina, mas hoje as mulheres fazem mais.

E o plano B é importante?

Quando eu estava no Japão, insistia em ficar em lótus, mas pra conseguir me sentar nessa posição eu tinha que deslocar o joelho e, quando saísse, tinha que colocar o joelho de novo no lugar. E um dia eu não fiz isso direito e rompi a cartilagem. Aquilo doeu muito e durante um bom tempo eu não podia me sentar em posição de lótus na meditação. A minha superiora colocou uma cadeira em um canto da sala.

Eu chorava muito e me perguntava qual seria meu plano B. O que ia ser da minha vida monástica se o que eu mais apreciava era o Zazen, a prática meditativa, e eu não ia poder ensinar as pessoas a meditar? Como eu ia continuar naquilo se não podia me sentar na posição que considerava a melhor de todas? Pensei em fazer enterros, dar aulas... Minhas colegas perguntavam: "Você vai deixar de ser monja? Vai fazer outra coisa?" E eu dizia que não. Não tem outra coisa pra fazer.

A dúvida é: como a monja que não pode dobrar a perninha vai ensinar as pessoas a dobrar a perninha? Mas a perna melhorou. Continuo meditando. Não é só a posição da perna que faz o estado meditativo.

Vale a pena ter um plano B guardado na manga como se guarda dinheiro na poupança pra casos de necessidade?

Tem uma hora na vida que a gente precisa tomar decisões. Um ponto de virada. É igual o ponto de bala, o ponto de fazer doce, tem um ponto certo na hora de cozinhar. Pra fritar um bife, seja lá o que for; arroz, feijão. Tem hora certa pra desligar o fogo. Não pode continuar, se não queima. E a gente tem que perceber isso na vida.

Cheguei no meu ponto de virada. Não é uma questão de planejar. "Quando acontecer eu vou dar uma virada... Quando tiver trinta ou quarenta anos vou fazer isso..." Não dá pra saber. É preciso sentir. A gente vai vivendo a vida, vai fazendo, mas tem que fazer com alegria. É preciso ter contentamento com a existência, gostar do que faz. Não dá pra fazer o que não gosta o tempo todo. É horrível. E tem pessoas que ficam muito amargas, magoadas, irritadas, porque são forçadas a fazer o que não gostariam.

É assim; ou você acha prazer no que faz ou acha prazer no que faz. A terceira opção é mudar!

Como entender na prática que todas as coisas da nossa vida são uma oportunidade? Às vezes a vida fica muito difícil...

Uma vez um professor me disse: "Se você encontrou uma abertura no Dharma, penetre nessa abertura. [Dharma é o conjunto dos ensinamentos de Buda]. Não fique dizendo que viu e passou. Não. É o momento de penetrar."

Em situações complicadas e raras também é preciso entender.

Na pandemia, o que foi possível fazer? Ficar mesquinho, vender álcool em gel falsificado, carregar um caixão de defunto, fraudar o auxílio emergencial de seiscentos reais... Tudo isso existe. Tudo está dentro de nós. Somos humanos e todas as possibilidades estão em aberto.

E aí a gente tem que fazer escolhas. Qual é a sua? Durante a quarentena eu vou ficar brigando com minha esposa? Vou me divorciar? Tem muita gente que resolveu discutir a relação... Não é o momento pra isso. É preciso cuidar de coisas mais urgentes: o que comer, como arrumar a casa. Isso é mais urgente agora.

E como é a travessia para o entendimento de tudo isso?

Ela não é gostosinha, não. É uma travessia dura. É preciso querer atravessar. Sempre tem algum desconforto, mas essa é a chance de penetrar no entendimento. Durante a meditação em Zazen, com os joelhos dobrados, é preciso negociar com a dor. É quente ou fria? Qual é o ponto da dor? O que é dor? Como ela se manifesta? Quando você se levanta e caminha, ela vai embora...

Dá para perceber que nada é fixo, nada é permanente. Outra percepção muito clara é o tempo. Tem horas na meditação que são intermináveis; vai tocar o sino, quero terminar, quero levantar. E em outras horas é surpreendente; puxa, já tocou. O tempo não existe, o tempo somos nós, a nossa vida.

Para começar a meditar, eu falo com as pessoas assim: "Acorda de manhã, vai ao banheiro, lava o rosto, senta um pouquinho... cinco minutos. Mesmo cinco minutos pode ser muito. Respira, observa sua respiração... é só observar e se preparar para o dia, o que virá; não sei."

Não é uma projeção das coisas que precisam ser feitas. É só sentir. A vida está em cada partícula; sente o sabor do alimento que você escolheu comer; um pedacinho de pão é a vida da terra. Quantas formas de vida necessárias para plantar o trigo, para colher, refinar, fazer o pão.

Forno, quem é que fez o forno? Quem é que tem fogão? O gás, a lenha.

É preciso viver com mais leveza sem carregar muito trauma, muitas coisas do passado. Aconteceu alguma coisa na sua infância? Pois é. Foi lá na infância. Você não é mais esse personagem. Você não está mais lá. Você não tira a cicatriz. Mas também não fica lá. Você volta, vem pra cá. Acabou.

E uma experiência muito rica fazer uma revisão na nossa história. E não é só a história pessoal. É a história da vida. O que eu posso fazer hoje para que seja menos sofrido.

Aquele episódio da morte do Floyd lá nos Estados Unidos, por exemplo; o difícil é pensar que você é os dois; você é o Floyd, que está sendo morto, e você é o policial, que está matando. Porque você é um ser humano. Aquele policial teve outra opção? Na vida, pela formação que ele recebeu? Será que ele tinha inveja do Floyd? Eles trabalhavam juntos. [O policial Derek Chauvin e George Floyd teriam trabalhados juntos na equipe de segurança de uma boate em Minneapolis.]

Ninguém nasce racista. O racismo foi crescendo nele como um valor de grupo, de família, e fez dele esse ser que estava lá sentindo prazer em matar. Ele estava gostando do que estava fazendo.

É muito difícil se identificar com os dois aspectos; da luz e da sombra. E quando a gente se senta pra meditar enxerga isso em nós. Todas as possibilidades estão em aberto; podemos ser o monstro mais terrível, ou a pessoa mais elevada e bondosa, e acolher os dois, mas é preciso fazer escolhas.

A gente tem o dever de ser feliz?

Quem disse que o policial que estava matando o Floyd não estava feliz naquele momento? Para ele aquilo era felicidade. E foi tão feliz que ele não se importou com as consequências, mesmo depois. Porque ele continua achando que não foi mau. Que é inocente. Ele não se acha culpado, como Hitler também não se achava. E também se via como um bom homem. A mente humana prega peças e armadilhas.

Veja a Alemanha, um dos países mais desenvolvidos da Europa, os maiores pensadores, os maiores filósofos, grandes músicos, quanta gente com prêmio Nobel... e tantos deles fizeram parte do Holocausto. Genocídio.

Como é que pode? Como podemos ser tão monstruosos?

Tem um grupo de meditação que vai todo ano para Auschwitz com um monge de Nova York. Eles passam uma semana por lá em novembro, época que faz muito frio. Com esse grupo, um dia, foi um jovem que era neto de alguém que trabalhou na SS Nazista lá em Auschwitz. E ele dizia que queria conhecer o avô, pois este era um homem tão bom em casa, como é que ele era capaz de fazer aquelas coisas? Onde é que ele trabalhou? O que foi isso? Não dá pra entender, né?

Mas é o ser humano. Somos nós.

Por isso é importante despertar. A meditação é pra isso. É pra você despertar pra você e pra suas escolhas. Escolhas acertadas.

Porque a escolha que você fizer pode influenciar muitas coisas no mundo, muitas vidas e muitas mortes, muitos sofrimentos e muitas alegrias. Não é só um estado separado de felicidade. Eu desconheço uma tesoura que me separe da realidade do presente momento. E nossa plenitude só vai acontecer se todos estiverem plenos.

A meditação é que vai ser a grande transformação política, econômica e social da humanidade. Quando houver esse despertar da consciência é que nós nos perceberemos a vida da terra.

Estamos interligados a tudo e a todos. Somos essa vida e à medida que você cuida com respeito, com dignidade, vai espalhando em todas as direções e não vai sentir prazer em matar.

Qual o caminho para ser coerente no falar, no fazer e no pensar?

É olhar em profundidade pra você. E pro mundo. Não é você separado do mundo. Você é o mundo, a vida do planeta. Você não é parte do todo. Você é o todo manifesto. O todo se manifesta de várias formas. E uma delas é você. E o que fazer com isso?

O que você faz mexe na trama da existência. O que você faz, o que fala, o que pensa. A meditação permite que observe seus pensamentos, mude a maneira de olhar a realidade. Sem julgar, condenar e odiar. Sair desse lugar de ódio. Que maneira grotesca de ser no mundo, né? Nós acabamos acreditando naquilo que falamos...

Buda diz que sem apego e sem aversão o caminho é livre. É preciso ter contentamento com a existência. Quem conhece o contentamento está feliz dormindo no chão, quem desconhece o contentamento pode estar em um palácio e mesmo assim estar infeliz. Eu sou esse mundo.

Mas não sou eu que salvo. A gente é salvo por tudo que existe. A gente tem uma necessidade de procurar o sentido da vida. Algum prazer na existência. Não é só sofrimento. Ele existe, mas tem a libertação do sofrimento. É o primeiro ensinamento de Buda.

Você começa a mexer nas causas e condições, e sempre tem um estado chamado de nirvana, que é paz. É tranquilidade porque encontrou... o seu propósito.

Conheça suas emoções

Conheci a Monja Coen quando cheguei em São Paulo, há quase vinte anos. Uma amiga muito querida, Luciana Bistane, me deu dicas legais sobre a cidade e sugeriu um programa especial para uma terça à noite: ouvir a Monja.

Na época, o mosteiro ficava em um pequeno sobrado perto da estação Clínicas do metrô. Poucas cadeiras na sala, cães docilmente passeando entre elas. Fui impactado por aquela voz firme e terna que falava sobre a alegria de tecer a própria vida.

Também foi ali que ouvi pela primeira vez que o sentido da vida passava por uma procura de integridade entre o que se fala, o que se faz e principalmente o que se pensa.

Fiquei encantado não só com o que ela falava, fazia e pensava, mas também com a história dela; uma jornalista como eu. Rock, festa, balada. Prima dos irmãos Arnaldo e Sérgio Baptista, viu de perto o som e a fúria dos Mutantes, foi casada com o iluminador de palco do Alice Cooper, tomou ácido em Londres, foi presa em Estocolmo. Passou mais de uma década em um mosteiro no Japão.

A monja mais popular do Brasil tem muita história pra contar. Seus vídeos na internet têm milhões de acesso, suas palestras são disputadíssimas. O mosteiro funciona hoje em uma casa ampla no Pacaembu, bairro nobre de São Paulo. Seus livros fazem sucesso, sua presença em programas de televisão é requisitada.

Ouvir a monja é uma experiência única, porque ao mesmo tempo que seu repertório parece infinito ela está sempre dizendo com palavras diferentes que de alguma forma, por algum caminho, em algum momento, é preciso encontrar o sentido da nossa existência.

"De tudo ficaram três coisas...
A certeza de que estamos começando...
A certeza de que é preciso continuar...
A certeza de que podemos ser interrompidos
antes de terminar..."

FERNANDO SABINO, O ENCONTRO MARCADO

O fim é o começo

Violência doméstica, guerra mundial, prisão, doença e fome. Cinco itens para lembrar da vida inteira que poderia ter sido. Cinco partes de caminhos diferentes e desconectados entre si. Uma jornalista que virou budista, uma estudante de pedagogia que queria revolucionar a educação, um jovem que trocou o sonho de ser jogador de futebol pela psicanálise, uma moça do interior de Minas que descobriu a força da gentileza na vida cotidiana e uma menina do agreste pernambucano que queria fugir com o circo pra conhecer o mundo.

Coen, Dag, Chris, Sheila e Paola... Se esses nomes fossem embaralhados e suas profissões fossem trocadas, se tudo ficasse misturado, se a vida de cada um fosse diferente do que foi, eu tenho certeza de que uma linha condutora tal qual um fio de Ariadne tornaria possível o encontro de cada um deles com seu propósito. Isso é tão nítido quanto inevitável. Todos viveram suas crises, todos lutaram suas guerras.

A ajuda ao próximo, a percepção da falta, a compreensão, a gentileza, a tentativa constante da entrega... são pontos comuns dessas cinco histórias.

Mas existe uma outra característica entre eles: o entendimento de que a mudança começa mesmo de dentro pra fora.

É lá dentro que a chave gira, é lá dentro que o mundo muda. Esse é o grande aprendizado que tive escrevendo este livro. Antes de ajudar o mundo, eles tiveram que se ajudar. É um autocuidado que também é um exercício de vida.

A Sheila entendeu que não veio a este mundo pra apanhar de ninguém, o Christian descobriu que quanto melhor professor ele fosse mais pessoas poderia ajudar a transformar; a Tia Dag percebeu que sua rebeldia poderia ser a base de uma pedagogia própria; a monja Coen sentiu que o Zazen era seu oxigênio e a Paola viu que podia ser médica e também artista.

É a clássica instrução de segurança que recebemos antes de o avião decolar: "Em caso de despressurização, coloque a máscara de oxigênio em você antes de ajudar alguém."

Se ajude,
se escute,
se perceba,
se entenda...

É assim que começa.

Agradecimentos

Muito obrigado,
 Renata Suedan, pela luz no escuro,
 Cecilia Russo e Jaime Troiano, pela frase de Aristóteles,
 Raquel Rodrigues, pelas conexões verdadeiras,
 Junior Thonon, pela ideia do título,
 Ana, Catarina e Damila da Palestrarte, pelas perguntas retóricas.
 E Bruno Zolotar e Ana Lima da Editora Rocco, por todas essas "páginas heroicas".
 É isso. A vida é todo dia.

Impressão e Acabamento:
Gráfica e Editora Cruzado